Gottfried Kazda

Die blauen Geschichten

Für meine Frau Hanna
und meine Söhne Alexander und Roland

Gottfried Kazda

Die blauen Geschichten

Fünf wunderliche Erzählungen

Projekte-Verlag
Cornelius GmbH

Impressum

1. Auflage

Mitglied im Börsenverein des Deutschen Buchhandels

Satz und Druck: Buchfabrik Halle • www.buchfabrik-halle.de

ISBN 978-3-86634-862-2
Preis: 18,90 EURO

Inhalt

Die Quellen des Lebens

Prolog

Sprach das Herz: „Ich möchte eine Märchengeschichte erzählen über die Kräfte des Lebens." „Was willst du mit Märchengeschichten, das ist allen irgendwie aus der Luft gegriffen, eben keine Fakten, wie zum Beispiel nachweisbare Berichte", sagte der Verstand. „Du weißt nicht, was du sagst, in den Märchen oder in den Geschichten sind mehr Wahrheiten versammelt als du denkst" sprach das Herz. „Du magst ja Recht haben. Trotzdem ziehe ich klare Fakten vor", meinte der Verstand. „Lass es uns doch einfach probieren, den Menschen etwas anderes zu geben. Vielleicht können sie etwas damit anfangen", so das Herz. „Meinetwegen, also dann fang damit an. Ich will mich mit dir mal zusammentun", sprach der Verstand. „Wohlan", so das Herz, „dann lass uns gemeinsam beginnen."

Vor vielen tausend Jahren lebte am Rande einer großen Wüste eine kleine Gemeinschaft von Menschen. Die einzelnen Familien hatten sich zu einem Dorf zusammengetan. Manche lebten in Strohhütten, andere wiederum hatten sich in den umliegenden Felsen Höhlen gesucht und sie als Wohnstatt eingerichtet. Sie lebten vornehmlich von etwas Getreide vor allem Hirse, verschiedenen Gemüsesorten und von Viehwirtschaft, von ein paar Rindern, vielen Schafen und einigen Kamelen. Viel gab die Erde nicht her, denn das meiste Land bestand aus Sand und Geröll. In dieser Gemeinschaft lebte auch ein junges Paar mit seinen zwei Kindern im Alter von sechs und sieben Jahren. Die Frau war sehr jung und schön. Sie hatte große tiefblaue Augen und pechschwarzes Haar. Sie war vornehmlich mit dem Zubereiten und Kochen von Speisen beschäftigt und kümmerte sich um alle persönlichen Belange der kleinen Familie. Der junge Mann war kräftig, hatte ebenso dunkles Haar wie seine Frau und kümmerte sich um das karge Feld, das sie besaßen, vor allem aber um die Tiere, denn viele besaßen sie nicht. Zwei Rinder waren es, ein paar Schafe sowie ein Kamel, welches für den jungen Mann einen besonderen Wert besaß. Das Leben ging so seinen regelmäßigen Gang, mit Ausnahme von manchmal aufkommenden Sand- und Staubstürmen, die die Felder zuwehten und die mühsam wieder freigelegt werden mussten. Eines Tages jedoch gab es eine große Veränderung, die von einem Augenblick zum anderen zu einer anderen neuen Orientierung zwang, da nichts mehr so war wie vordem. Diese Veränderung kam in der Gestalt zweier Katastrophen: Eines Morgens, als der junge Mann gerade die Tiere auf die spärliche Weide treiben wollte, da bemerkte er, dass die Sonne nicht so hell und leuchtend schien wie an vielen anderen Tagen zuvor. Sofort dachte er an einen Sand- oder Staubsturm der jeden Moment hereinbrechen konnte, aber es würde sicherlich ein besonders starker Sturm sein, denn so dunkel schien es ihm noch nie gewesen zu sein. Er ließ die Tiere im Stall, um den Sturm abzuwarten. Der dann hereinbrechende Orkan war wirklich ein gewaltiger. Riesige Sandmassen wurden bewegt, man konnte beinahe die Hände nicht mehr vor den Augen sehen. Der junge Mann und seine Frau versuchten ihre kleine Hütte zu befestigen, so gut sie konnten, aber irgendwann wurde das Dach aufgerissen, davon geweht und die vorderen dünnen Mauern drückte der Sturm bald ein. Die ganze Familie hockte sich zitternd vor Angst in den hintersten Winkel des Hauses. ‚Vielleicht geht der

Sturm in ein paar Stunden vorüber', dachte der junge Mann, ,dann könnte ich die Weiden und Felder noch vom Sand befreien, später jedoch kaum mehr.' Der gewaltige Sturm machte aber keine Anstalten nachzulassen, im Gegenteil es schien, dass er immer stärker wurde. Er hielt denn auch viele Tage mit der gleichen Gewalt an. Als nach dieser langen Zeit sich die ersten Sonnenstrahlen wieder zeigten, der Sand und Staub sich gelegt hatte, da war von der ehemals bekannten Welt nichts mehr zu sehen. Riesige Sanddünen breiteten sich aus und Geröll was vordem an bestimmten Stellen zu finden war, fand sich nicht mehr. Die Hütten waren zum Teil völlig zerstört und viele Wohnhöhlen waren mit Sand zugeschüttet. Menschen waren umgekommen. Manchmal konnte man sie noch halb vom Sand bedeckt liegen sehen. Auch Nachbarn, der jungen Familie waren dabei, sie selbst hatten großes Glück zu überleben. Die beiden jungen Leute beratschlagten, was nun zu tun sei. Ihrer aller Felder und Weiden waren unwiederbringlich verloren. Sie hatten also bald nichts mehr zu essen und die wenigen Tiere hatten ebenso kein Futter mehr. Wenn der Vorrat an Getreide und Gemüse aufgebraucht und die Tiere geschlachtet worden waren, spätestens dann würden sie alle ihr Leben verlieren. Der junge Mann aber wollte sich diesem Schicksal nicht beugen, er hing am Leben und wollte für sich und seine kleine Familie um diese Leben kämpfen. So sagte er seiner Frau, er werde auf die Suche gehen um eine neue Heimat, wo sie alle leben könnten, zu finden.
Dann sattelte er sein Kamel, nahm Proviant und genügend Wasser mit und machte sich auf die Reise. Als er nach vielen Wochen der Suche endlich einen Platz gefunden hatte, der ihm gut genug schien, eine Hütte zu bauen, neue Felder anzulegen und Weiden herzurichten für die Tiere, machte er sich sogleich wieder auf den Heimweg, um seine Familie zu holen. Viele Tage und Wochen war er zu seinem alten Zuhause unterwegs und endlich erkannte er auch wieder einige bekannte Hügelketten. Freudig gab er seinem Kamel die Sporen, denn er wollte so schnell als möglich seine Frau und die Kinder in seine Arme schließen. Schließlich als er endlich ganz nah an seinem Dorf angekommen war, jedoch weder Stimmen von Menschen noch irgendein anderes Anzeichen von Leben bemerkte, da bekam er es mit der Angst. Er trieb das Kamel so schnell an, dass es schneller nicht mehr laufen konnte. Dann sah er, was er nicht für möglich hielt: alle Hütten waren durch Brand zerstört, die Höhlen die noch bewohnbar waren, unbrauchbar gemacht. Frauen, Kinder und Männer lagen tot und verstreut über der kleinen Ebene. Manche einfach erschlagen, andere verstümmelt. Sein Herz krampfte sich zusammen und mit einer fast besinnungslosen Angst ritt er zu seiner Hütte. Dort angekommen, konnte er sich nicht mehr auf seinem Kamel halten, denn was er sah, raubte ihm beinahe den Verstand und die Sinne. Seine Seele, sein ganzes Selbst schrie auf, denn nicht weit vor ihm lagen seine beiden Kinder blutüberströmt mit dem Bauch auf dem Boden. Langsam wie in Zeitlupe beugte er sich über die toten Körper. Er nahm sie, ungeachtet des Blutes in seine Arme, wollte sie nie mehr loslassen, wollte mit ihnen tot sein. Aber dann entsann er sich seiner geliebten Frau. Er rannte mit großen Schritten in die Hütte, rief, ja schrie ihren Namen und suchte in den wenig verbliebenen Winkeln. Dann sah er das geliebte Gesicht, die blauen Augen waren offen und die Hälfte des Körpers lag halb verbrannt unter der Feuerstätte. Nun sank er ganz in die Knie, nahm das geliebte Gesicht in seine Hände und schaute in die gebrochenen Augen. Dann versank die Welt um ihn in Dunkelheit.

Als er wieder erwachte, lag er auf einer alten, ein wenig zerrissenen Strohmatte und ein Feuer war nicht weit von ihm. Langsam hob er seinen Kopf, erstaunt, wo er sich befand, und mit einem Mal fiel ihm alles wieder ein. Erneut wollte er versinken in eine wohltuende betäubende Nacht. Aber da spürte der junge Mann eine beruhigende Hand auf seinem Arm und ein altes Gesicht beugte sich über ihn. Dieses Gesicht sprach nun zu ihm mit ruhigen Worten. Der Alte erzählte dann, was sich

zugetragen hatte: Ein anderer Clan habe das Dorf überfallen auf der Suche nach Essbarem. Ohne Vorwarnung kamen sie über die Sandhügel, plünderten die noch wenigen Habseligkeiten, trieben alle Tiere zusammen, um sie mitzunehmen. Dann töteten sie alle Bewohner, niemanden hatten sie verschont, denn sie wollten keine Zeugen haben. Er selbst habe sich in Sicherheit bringen können hinter irgendeinem Felsen.

Als der Alte zu Ende gesprochen hatte, trat ein langes Schweigen ein. Der junge Mann noch von der Geschichte ganz betäubt, dachte über die Geschehnisse nach. Auch dass er jetzt alles wusste, konnte doch seine Frau und die beiden Kinder nicht mehr lebendig machen und als der alte Mann gegangen war, stieg er von seinem Lager auf, ging vor die halb verfallene Hütte, um sich zu töten, denn er glaubte kein Recht mehr zu haben zu leben, und wollte es auch nicht mehr. Wie er es jedoch auch anstellte, das Leben konnte er sich nicht nehmen. Tage und Wochen saß er vor seinem unbewohnten toten Zuhause, manchmal halb wahnsinnig vor Trauer und Wut, manchmal ganz erdrückt von Schmerz flach auf dem Boden liegend, nicht mal mehr in der Lage den eigenen Körper zu bewegen. Eines Tages kam der alte Mann wieder vorbei. Er sah den Jungen auf dem Boden liegen und es dauerte ihn zutiefst.

Der Alte hob ihn auf, setzte sich zu ihm und als er merkte, dass der junge Mann seinem Blick standhielt, da erzählte er ihm, dass er so nicht weiter machen könne. Man müsse sich entscheiden, entweder zu sterben oder das Leben wieder aufzunehmen und er müsse sich auf den Weg machen es wenigstens zu versuchen. Der junge Mann wusste in seinem Herzen, dass der Alte Recht hatte. Er konnte hier nicht bleiben. So machte er sich noch am gleichen Tage auf, sattelte sein Kamel, packte die Reste der spärlichen Mahlzeiten ein und verließ die so überaus geliebte, grausige Heimat. Zuerst ließ er sich treiben, er ging hierhin und dorthin ohne Plan und Ziel, bis ihm einfiel seine wenigen Verwandten und Freunde aufzusuchen. Denn er brauchte Trost um weiter am Leben zu bleiben. Alle Verwandten zu denen er kam, empfingen ihn mit großer Gastfreundschaft, bewirteten ihn ebenso und als er sein ganzes Leid berichtet hatte, erhielt er das volle Mitleid und den Trost, den er so dringend benötigte. Aber jedes Mal nach einer gewissen Zeit waren der Trost und das damit verbundene glückliche Gefühl wieder verschwunden und Hoffnungslosigkeit, Trauer und Schmerz kehrten zurück. Er bemerkte den Rhythmus dieses Geschehens immer deutlicher von Besuch zu Besuch. Schließlich hatte er das Gefühl in einem immerwährenden Kreislauf gefangen zu sein und er wusste sich keinen Rat dem zu entgehen. Eines Abends, als er wieder einmal auf der Matte in seinem kleinen Zelt lag und die hoffnungslosen Gefühle ihn zu überschwemmen drohten, da fiel ihm der Name eines lieben Freundes ein, den er lange nicht mehr gesehen hatte. Er konnte sich erinnern, dass dieser ein sehr kluger Mensch war, der vieles wusste, was andere nicht wussten. Er würde ihn aufsuchen und von ihm sicherlich erfahren können, was es auf sich habe mit dem Glück, welches nach tröstenden Worten so bald wieder verschwand.

Der junge Mann machte sich also sogleich auf den Weg zu jenem Freund und als er ihn nach einigen Wochen endlich fand, da freute er sich nach langer Zeit erstmals von ganzem Herzen, denn jetzt bekam er sicherlich auf seine drängenden Fragen die gültigen Antworten. Sie begrüßten sich sehr herzlich und auch der Freund war überaus erfreut ihn zu sehen. Nachdem alles erzählt war und auch die alles entscheidende Frage gestellt war, trat erstmals ein langes Schweigen ein. Der Freund schaute ihn lange an, dann sagte er ihm, dass er das alles gut verstehen könne und es gäbe auch Antworten, zwei genauer gesagt. „Die erste Frage, die du gestellt hast, kann ich dir beantworten. Die zweite ist jedoch komplizierter. Sie lässt vieles offen und es hängt von dir ab, ob es dir gelingt eine Antwort zu finden". Nun erklärte er dem jungen Mann, dass der Trost und das Glück, welches von Menschen komme, immer begrenzt bleibe. Da Menschen nur ein begrenztes Maß an Trost und Glück zur Verfügung haben und zudem auch immer wieder dieses Glück neu aufgefüllt werden müsse. Deshalb können die Menschen einander keinen dauerhaften Trost und Glück spenden. Denn jeder brauche viel Glück und Trost auch für sich selber. Dann sagte er ihm noch: „Du brauchst einen anderen Trost, der nicht nur von Menschen gegeben, sondern einen, der das Unendliche in sich trägt." Der junge Mann war sehr verblüfft, wo sollte er so etwas finden können. Der Freund bedeutete ihm, er müsse einen alten Weisen, der über die Geheimnisse der Welt und des Kosmos bescheid wisse, aufsuchen. Nur so ein Erleuchteter könne ihm die nagende Trauer und die Verzweiflung nehmen und er müsse ununterbrochen suchen, dann wird das geschehen, was er sich wünsche. So schieden sie voneinander, und der junge Mann machte sich sofort auf den Weg, um die Suche nach dem geheimnisvollen Weisen anzugehen. Aber wo er auch hinkam nirgends fand er einen Hinweis oder Anhaltspunkt, kein Mensch konnte ihm weiterhelfen. So vergingen einige Jahre. Als er wieder einmal so ganz hoffnungslos auf seinem Kamel in ein kleines Dorf hineinritt und fast desinteressiert und lustlos, die für ihn so wichtige Frage nach diesem alten Magier gebetsmühlenartig stellte, da kam eine alte gebückte Frau auf ihn zu. Sie musterte ihn von Kopf bis Fuß, so als ob sie ihn taxieren wolle, ob er der Botschaft würdig sei. Zuerst fragte sie ihn nach seinem Namen, dann woher er denn komme, und was er wolle. Dabei glitzerten ihre alten Augen merkwürdig wissend, als ob sie es schon längst wüsste, was er auf dem Herzen habe. Der junge Mann wunderte sich über diese Fragen, das hatte ihn bisher so noch niemand gefragt. Dennoch gab er bereitwillig Auskunft. Und so stellte er die schon beinahe abgedroschene Frage nach dem alten Weisen. Ein ganz kleines Lächeln huschte über das Gesicht der Alten. Schließlich gab sie ihm die Auskunft, dass nicht weit von hier ein alter weiser Magier wohne. Jedoch lebe er nicht in diesem Dorf, sondern ein gut Stück Weges in den niedrigen Bergen, die man von hier aus wohl sehen könne. Dann sagte sie noch: „Du musst aber wissen, dass dieser Weise dort oben nicht mehr redet. Wenn du also etwas von ihm willst, wird es für dich nicht leicht sein, seine Gedanken und sein Herz auf dich zu richten. Geh nun, die Kraft des Unendlichen möge dich begleiten." Damit verschwand die alte Frau so schnell und geräuschlos, wie sie auch gekommen war. Der junge Mann war erst wie betäubt, er konnte es noch gar nicht glauben, dass er das gefunden, was er seit so vielen Jahren bisher vergeblich gesucht hatte. Tränen standen ihm in den Augen. Glück und Freude, aber auch ein klein wenig Bangigkeit bemächtigten sich seiner. Konnte er den Weisen zum Sprechen bringen, und wenn ja, was genau sollte er ihm denn sagen? Plötzlich kamen Zweifel an seiner Mission. Aber dann war da ja auch noch diese unaussprechliche Wehmut und Verzweiflung. Nein, er konnte nicht nach rückwärts schauen, er musste sich mutig auf den unbekannten Weg machen, auch wenn die Angst nach seinem Herzen griff. So bestieg er erneut sein Kamel und machte sich auf die Suche nach dem Weisen in die nahen Berge. Der Weg war schmal und steil. Manchmal musste er von seinem Kamel absteigen, weil der Weg sich zu einem ganz schmalen Pfad zusammendrängte, den man nur hintereinander begehen konnte. Aber schließlich erreichte er ein kleines lang gedehntes Plateau, von wo man aus einen weiten Blick über das Wüstental und die angrenzenden Berge hatte. Die Sonne war gerade im Begriff unterzugehen und hatte schon einen sehr tiefen Punkt erreicht. Das samtene, warme Orange und Rot des Lichtes streichelte sein Gesicht und eine tiefe Ruhe kam über ihn. Als er den Blick schließlich von diesem wunderbaren Anblick losriss und seine Augen die Kanten des Plateaus entlang sahen, da bemerkte er ganz am Ende, fast am Rande des Abgrunds eine aufrecht dasitzende regungslose Gestalt. Sein Herz begann laut zu klopfen, das musste er sein, der Magier, der Weise. Langsam und so wenig Geräusche verursachend wie möglich ging der junge Mann auf die Gestalt zu. Als er ganz nahe bei ihr angekommen war und nicht die kleinste Bewegung daraufhin deutete, dass er wahrgenommen worden war, da räusperte er sich lautstark in der Hoffnung, dass etwas geschehen würde. Aber nichts geschah. Er erinnerte sich der alten Frau, die ihm gesagt hatte, dass es sehr schwer, wenn nicht gar unmöglich sein würde, die Aufmerksamkeit des Magiers auf sich zu lenken. Aber irgendetwas musste er doch tun können, dachte er. Es musste ihm eine Möglichkeit einfallen, wenn all das, was er erlebt und durchlitten hatte, nicht umsonst gewesen sein sollte. Und plötzlich kam ihm ein Gedanke. Er stieg von seinem Kamel und hockte sich direkt vor den Weisen nieder, so dass sein eigenes Gesicht mit dem des Anderen auf gleicher Höhe war. Dann schaute er in das Gesicht ihm gegenüber. Was er dann aber so direkt und plötzlich sah, überraschte und bewegte ihn auf das äußerste: Vor ihm war ein uraltes Gesicht mit vielen tiefen Falten, es schien ihm, dass es jahrhundertealt war. Aber die Augen in diesem Gesicht waren so frisch und lebendig wie der junge Morgen, der den Tag nicht kennt, und diese Augen zogen ihn magisch an, ja sie fesselten ihn förmlich. Er hatte das Gefühl, seinen eigenen Körper nicht mehr bewegen zu können, geschweige denn seinen Kopf und seine Augen. Nach einer für ihn unendlichen Weile, indem er versuchte sich aus diesem Griff zu befreien, es ihm jedoch nicht gelang, hörte er wie von Ferne den Alten zu ihm sprechen. Aber er hörte keine Laute aus dem Mund, er hörte sie in seinem Kopf: „Sei willkommen Fremder", sagte dieser. „Ich weiß, was dich hierher führt und dein Herz unruhig macht. Du suchst nach den nicht versiegenden unendlichen Quellen, die deine Seele heilen können. Es sind drei Quellen, die das Leben in dieser Welt den Menschen zur Verfügung stellt. Nur sie können ihnen unbegrenztes Licht, Glück und Freude geben. Du hast also recht getan zu kommen, aber ich muss dich warnen. Nicht jeder Mensch kann diese Quellen des Lebens erkennen. Sie sind meist im Alltäglichen und Verborgenen. Man braucht ein weites Herz und ein unbedingtes Wollen um diese Geheimnisse zu enträtseln, die zu Glück und zu Freude führen. Erst wenn du bereit bist, das zu tun, kann ich dir weiter helfen" damit schwieg der Meister. Nun lag es an ihm, die Entscheidung zu treffen, die sein Leben radikal verändern würde. Sollte er wirklich das alte bisher geführte Leben verlassen? Und was erwartete ihn im Neuen? Es war völlig unbekannt und es schien ihm ein Risiko unvorstellbaren Ausmaßes zu sein. Und das Alte? Wenn er zurückschaute, war es gerade nicht nur nicht sehr glücklich, sondern ausgesprochen qualvoll und unendlich schwer gewesen. Der Alte schaute ihn derweil unverwandt mit freundlichen Augen und einem winzigen Lächeln an. Der junge Mann hob nun langsam den Kopf und erwiderte mit klaren Augen und Entschlossenheit den Blick des alten Magiers. „Ja", sagte er in die bereits anbrechende Nacht hinein, „ich will es wagen." Noch im nächsten Augenblick stand der alte Meister auf und bedeutete ihm zu folgen. Sie gingen gemeinsam, der Alte ein wenig voraus, in eine weiter rückwärts gelegene Höhle hinein. Im Halbdunkel der Höhle hörte der junge Mann die Schritte des Meisters vor sich und sah schemenhaft in einem langen Gewand die hohe Gestalt vor sich. Letzte schwache, orangerote Sonnenstrahlen leuchteten, da und dort, noch an den sie umgebenden Felswänden auf. Schließlich war es stockdunkel und nur die Schritte des Alten hörte er leise vor sich. Der alte Magier machte keine Anstalten anzuhalten, sondern ging gleichmäßigen Schrittes immer tiefer in den Berg hinein. Schließlich, nach einer, wie es ihm schien, unendlich langen Zeit hörten die Schritte vor ihm auf. Und nun vernahm er des Meisters Stimme wieder in seinem Kopf. „Setze dich auf den Boden und höre, was ich dir zu sagen habe." Der junge Mann setzte sich auf den Boden und wartete auf weitere Weisungen. Aber zuerst hörte er nur ein leises Geräusch und sah ganz nah bei sich ein schwaches Licht aufleuchten. Der Meister hatte seine Hände zusammengefaltet und blies nun ganz sachte hinein. Das Licht, das aus seinen Händen kam, wurde immer heller, bis es einen fast kreisrunden Höhlenraum ausleuchtete. Dem jungen Mann blieb der Mund offen stehen, denn was er sah, hatte er nicht erwartet: Sie saßen in einer riesigen runden Höhle mit fast ganz hellen und glatten Wänden ringsherum, und weißliche, leicht gelbe Adern durchzogen das Gestein, die fast Wär-

me ausstrahlten. Aber ehe er sich noch richtig umsehen konnte, hörte er schon den alten Magier sprechen. „Schließe deine Augen und öffne sie erst, wenn du ein tiefes Drängen, sie öffnen zu müssen, verspürst. Ich werde bei dir sein und dich begleiten. Du wirst mich jedoch nicht sehen, dennoch kannst du manchmal meine Stimme hören. Alles, was du siehst, hörst, riechst und erlebst ist Wirklichkeit, auch wenn sich dein Verstand dagegen sträubt." Der junge Mann schloss nun, in allem ganz einverstanden, seine Augen. Zuerst verspürte er nichts. Alles blieb in ihm still und dunkel und kein Drängen war zu verspüren. Aber dann nach einer Weile kam eine eigenartige Unruhe in ihm auf und begann von innen her sich seiner zu bemächtigen. Er konnte die Augen nicht mehr geschlossen halten, er musste sie öffnen. Zuerst sah er nichts, als die kahlen weißgelben Höhlenwände, aber dann war ihm, dass er Vogelgezwitscher hörte und einen Augenblick später sah er, erst undeutlich, dann immer klarer, dass er inmitten eines Waldes saß. Er schaute an sich hinunter und bemerkte unter sich weiches Moospolster. Dann vernahm er wieder Vogelstimmen, unzählige mussten es sein, sie trillerten und zwitscherten in verschiedenen Höhen und Tiefen und es schien ihm, dass es sich anhörte wie ein vielstimmiger wunderbarer Chor. Wie in einer Sänfte der Melodien fühlte er sich getragen. Diese vielen Stimmen aber munterten ihn auf, sich noch weiter umzuschauen, denn noch so viel gab es zu sehen und in sich aufzunehmen. Neugierig geworden stieg er auf seine Beine und ging langsam durch den Wald. Die Blätter der Bäume spielten mit den Sonnenstrahlen, die sich heimlich und blitzschnell an ihnen vorbeimogelten, um auch zu dem dunkelgrünen Moos und braungrünen Waldboden zu gelangen. Dann schaute er nach oben in die hohen Wipfel der Bäume und konnte sich nicht genug satt sehen an dem immer wieder wechselnden Lichtspiel. Es war ihm, als ob Erde und Himmel in diesem Lichtspiel sich in lachender Freude übertrumpfen wollten, ein Wettspiel ohne besser und schlechter, ohne Kampf, einfach nur Spiel, ein in sich selbst vergessenes Spiel. Nun fiel der Druck und Krampf, den er immer in seinem Herzen verspürt hatte ab und schließlich verschwand er gänzlich. Plötzlich stand er am Rande des Waldes und vor ihm lag ein weites Tal. Es war über und über mit rostroten, orangen und gelben Bäumen bedeckt. Ein wogender Wald von Farben die mit- und ineinander sich verwoben, sich zu mischen schienen, breitete sich vor ihm aus. Über all dem stand eine tiefrote Sonne und der Himmel, der vorher blau erstrahlte, war nun in ein ganz oranges Licht getaucht. Tiefe Stille lag über all dem. Seine Augen, die das alles in sich aufnehmen wollten, waren weit aufgerissen. Er konnte nicht genug in sich hineinnehmen und aufsaugen, was er sah. Während er so regungslos schaute, da hörte er die wohlvertraute Stimme des Meisters von weit her in seinem Herzen: „Dies ist die erste der Quellen des Lebens, es ist die Natur. Du bist immer in ihr, so wie sie in dir ist." Die Stimme wurde leiser und leiser, bis sie ganz verschwand, und mit sanfter Eindringlichkeit bemächtigte sich seiner wieder die unbeschreiblichen wogenden Farben. Nun musste er sich hinsetzen. Es trieb ihn dazu, sich ganz hineinnehmen zu lassen in diese Farben. Sein Herz wurde ganz ruhig und sein Verstand, der sich nie richtig beruhigen ließ, stand plötzlich ganz still. In jeder Phase seines Geistes, seiner Seele und seines Körpers war eine entspannte, gelassene Ruhe getreten. Und nun geschah etwas Neues, Eigenartiges. Während er weiterschaute, wurde sein Blick geöffnet. Er sah nicht nur, die vor ihm ausgebreitete, wunderbare Natur, er sah viele Menschen, die er gekannt, die für ihn wichtig waren und er sah seine eigene Familie. Sie lachten und freuten sich miteinander und winkten ihm zu. Es schien ihm, dass sie ihm sagen wollten, dass es ihnen gut gehe und sie glücklich sind. Er sah in die schönen Augen seiner Frau, spürte ihr Gesicht an seinem und fühlte die Hände seiner Kinder. Wehmut und Sehnsucht kamen in seinem Herzen auf, aber es war nicht der entsetzliche Schmerz der Trostlosigkeit, sondern neben der Wehmut auch die tiefe Gewissheit eines unendlichen Lebens. Sein Atem ging nun ruhig und gleichmäßig, im Aus- und Einatmen dem Rhythmus des Lebens hingegeben. Inmitten dieser inneren- und äußeren Ruhe hinein, vernahm er nun ganz nah an seinem Ohr die Stimme des alten Magiers. „Nun kannst du sie spüren, die zweite Energiequelle. Es ist die innere Schau, die Betrachtung und Versenkung in Meditation, um in der großen Liebe zu sein." Und noch während er die letzten Worte des Alten hörte, trat eine Sättigung der großen Ruhe in seinem Herzen ein. Es war ihm, dass er hinausgeschleudert würde in einen neuen, einen anderen Raum von Wirklichkeit. Tief in seinem Körper begann ein Kribbeln von ihm besitz zu ergreifen, wie er es noch nie in seinem Leben empfunden hatte. Es begann zuerst in den Zehen und breitete sich dann rasend schnell in seinem ganzen Körper aus. Wie mit tausenden von Nadeln kam es ihm vor, die ihn bedrängten. Es war, als ob totes Fleisch zu neuem Leben geboren werden sollte. Er sprang auf und während er dies tat, fühlte er eine ungeheure Kraft in sich aufsteigen. Eine Kraft, die sich entfalten und gestalten wollte. Sie musste aus ihm heraus, aus seinen Händen, Füßen, dem Kopf und seinem ganzen Körper, um sichtbare Gestalt zu werden. Während er all das erlebte, befand er sich urplötzlich wieder in der großen runden Höhle mit den weißgelben glatten Felswänden. Er war gänzlich allein, und vor ihm sah er Tiegel und Schalen voll von den verschiedensten Farben und daneben große und kleine Pinsel und andere Gegenstände. Nun konnte er sich nicht mehr halten. Er stürzte sich auf die Tiegel und Schalen, nahm die Pinsel in die Hände und begann wie besessen die Farben auf die kahlen Wände zu malen. Nichts und niemand konnte ihn aufhalten, nichts ihn stören. So malte er bis zur völligen Erschöpfung, eine Erschöpfung, die ihn in Glücksseligkeit zurück ließ. Als er endlich die Farben und Pinsel fallen ließ, da erst gewahrte er neben sich den alten weisen Meister und Magier. Und mit einem Mal wusste er um die dritte unendliche Quelle des Lebens. Es ist die schöpferische Gestaltung, die in jedem Menschen ist. Glücklich über diese Erkenntnis schaute er langsam zu dem Alten auf. Als sich ihre Blicke trafen, da nickte der Meister und ein liebevolles Lächeln war auf seinem Gesicht zu sehen, denn er wusste jetzt, dass der junge Mann alles verstanden hatte. Nach diesem langen liebevollen Blick hörte er den alten Magier im Kopf zu ihm sprechen „Aber vergiss niemals, alle drei gehören zusammen, alle drei." Als der junge Mann sich wieder vor der Höhle fand, sah er das letzte Rot in einem nachtblauen, sternenübersäten Himmel untergehen, jedoch in seinem Herzen war ein neues Leben geboren.

Epilog

Viele Tausend Jahre später. Ein kleines Mädchen, etwa sechs Jahre alt saß in ihrem Zimmer am Schreibtisch und blätterte in einem großen Buch mit vielen schönen Bildern darin. Sie hatte bereits ihre Hausaufgaben gemacht, denn es war noch gar nicht so lange her, dass sie in die Schule gekommen war. Lesen aber konnte sie deshalb noch nicht so richtig bis auf die wenigen Buchstaben, die sie gelernt hatte. Aber Bilder betrachten, mochte sie schon immer gern, besonders aber hatte es ihr dieses Buch angetan, welches vor ihr aufgeschlagen lag. Es hatte merkwürdige Bilder. Besonders ein Bild fiel ihr auf, es gefiel ihr am besten. Das Bild war sehr groß und ging über zwei Seiten. Es zeigte im Vordergrund eine junge schöne Frau mit großen blauen Augen. Sie hielt einen Korb mit viel Gemüse in der Hand und lächelte ihr entgegen. Im Hintergrund spielten zwei Kinder, die so lebendig gemalt waren, dass man sie lachen hören konnte, auch Kamele und Schafe gab es zu sehen. Ganz vorn war der Kopf eines Mannes zu sehen. Seine Augen waren groß und liebevoll ganz auf das Geschehen vor ihm ausgerichtet. Über dem Ganzen hing ein tiefblauer Himmel und orange-gelbe Sanddünen zogen sich unendlich weit dahin. Das Kind war von diesem Bild so fasziniert, dass es nicht bemerkte als die Mutter hereinkam. Diese stutzte als sie sah, wie ihre Tochter so vertieft sein konnte, denn sie kannte sie als ein schwieriges und schwerfälliges Kind. Als sie an den Schreibtisch trat, erschrak die Kleine ein wenig, fasste sich jedoch gleich wieder und fragte ihre Mutter, was das denn für ein Buch sei, welches sie gerade vor sich habe. Die Mutter nahm das Buch in die Hand und sagte dann, dass es ein Buch ihres Papas sei, eine Neuausgabe und handele von einer großen Höhle in Afrika, in der man wunderschöne Malereien gefunden habe. Die Mutter konnte kaum zu Ende sprechen, schon hatte das Mädchen das Buch wieder an sich genommen. Es schlug erneut die Doppelseite auf mit der Frau mit den schönen blauen Augen. Immer mehr vertiefte sie sich darin, bis sie glaubte selber zu den zwei spielenden Kindern zu gehören. Sie hörte nichts mehr, auch das Rufen ihrer Freundinnen nicht. Dann geschah etwas Seltsames. Das Mädchen fühlte ein eigenartiges Kribbeln in ihrem Körper. Es fing in den Zehen an und breitete sich sekundenschnell in ihrem ganzen Körper aus. Da sprang sie auf und fühlte mit einem mal eine große Kraft in sich. Sie lief in die Ecke, wo ihr Schulranzen stand, holte den großen Malblock und die Farbstifte hervor und begann noch auf dem Fußboden sitzend, mit ungeheurer Wucht zu malen an. Zuerst malte sie noch etwas von diesem Bild, aber dann wurde es immer mehr ihr Eigenes. Sie malte wie besessen, bis sie erschöpft die Farbstifte fallen ließ.

Aber noch etwas anderes war geschehen, sie fühlte in sich ein wunderbares Glück und etwas, das ihr sagte, dass sie wichtig war auf dieser Welt. Als die Mutter ihre Tochter zum Abendessen holen wollte, glaubte sie eine Fremde vor sich zu haben und doch war es ihre Tochter. Es war so etwas, wovor man Ehrfurcht haben musste und mit einem Mal begriff sie, dass sie es mit einem eigenständigen, einem ganzen Menschen zu tun hatte. Ganz langsam ging sie auf ihre Tochter zu, beugte sich zu ihr hinunter und schaute ihr lange in die Augen. In diesem Moment sah sie sich selbst als kleines Mädchen, dieses Mädchen mit all seinen Hoffnungen und Wünschen. Wo war es geblieben? Hatte sie es gänzlich vergessen? Ganz langsam kamen die Tränen über ihre Wangen. Sie nahm ihre Tochter in die Arme, drückte sie fest an sich und verharrte so eine ganze zeitlang. Da schlang auch das Kind die Arme um den Hals ihrer Mutter, denn sie fühlte sich verstanden. Lange verharrten sie so miteinander. Dann standen beide auf, nahmen sich schweigend an die Hand, und so gingen sie Hand in Hand hinaus.

Die Puppe

Ihre Augen tasteten langsam die hohe Decke ab, die in der Mitte in einem schönen Stuckrelief auslief, in dessen Zentrum eine echte alte Jugendstillampe sich ihr mit zwei schönen glockenförmigen Lüstertulpen entgegenstreckte. Die Lüstertulpen waren unten mit fein ziselierten Blumenformen geschmückt, so dass jedes Mal wenn sie hinaufschaute, in ihr eine besondere Freude aufkam. Freude war für sie ein immer mehr und kostbareres Geschenk geworden, insbesondere seit sie nun in einem Hospiz war. Eine alte Dame war sie nun von fünfundachtzig Jahren, lag im Bett und wartete auf einen Besucher, der sie mitnehmen sollte in eine andere Welt und Wirklichkeit. Sie wollte sterben, ja, deshalb war sie hier, für was sonst, so dachte sie. Das Leben in ihr war nun verbraucht und alt geworden, eben nicht mehr zu erneuern. Die alte Dame schaute langsam hinunter auf ihre alten Hände, die sich wie zwei Geschwister aneinander festhielten, als ob sie ängstlich seien, sich für immer zu verlieren. Dann wanderten ihre Augen wieder über die Wände mit den kleinen geblümten Tapeten, hinauf zur Decke, und zur wunderschönen, fein ziselierten Lampe. An irgendetwas erinnerten sie diese glockenförmigen Glasbehälter, aber ihre Gedanken und Erinnerungen waren so schwerfällig geworden, dass sie es nicht schaffte den Erinnerungsbogen zu schlagen. Ja, wenn sie nur sterben könnte, aber es ging irgendwie nicht. Es müsste ein Sterbeübungsseminar geben, wo man so etwas lernen könnte, dachte sie, aber so fiel ihr ein, wenn man es begriffen hätte, dann wäre man ja schließlich schon tot und bräuchte es auch nicht mehr. Sie seufzte tief. Wieder kam der Gedanke an die glockenförmigen Gebilde oben an der Decke auf. Was war das noch, das sich glockenförmig durch ihr Leben gezogen hatte? Ihr Inneres konzentrierte sich auf diese Frage und während sie darüber nachdachte, wurden ihre Augen schwer und sie schlief ein.

Es war eine weite, grüne Wiese über die sie lief, auf ein großes Gutshaus zu, ihrem Lachen nachhörend, das hell und jung war. Das Kleid, das sie anhatte war mit roten Rosen übersät und lief unten glockenförmig aus. Sie liebte dieses Kleid über alles, zog sie es doch bei jeder kleineren und größeren Gelegenheit an, auch wenn die Mutter meinte, dass sie doch wohl auch andere und schönere Kleider besäße. Auf dem Hof, in dem sie mit ihrer Mutter und Vater lebte, wohnten noch andere Kinder. Es waren allesamt ihre Cousinen und Cousins, die Kinder der Schwester ihres Vaters. Ihr Vater war der Gutsverwalter und da das Anwesen groß genug war, konnten auch andere Familien dort leben. Ihr Atem ging jetzt schnell, denn sie musste, wenn sie das Rennen gewinnen wollte, das Haus als erste erreichen. Schon hörte sie hinter sich das Keuchen ihres Lieblingscousins, mit dem leicht meckernden Lachen, in der Gewissheit sie gleich einzuholen. Da passierte es, sie trat in ein Loch überschlug sich mehrfach und blieb dann besinnungslos liegen. Der Cousin, mitten im Lauf aufgehalten, schaute zurück und als er sie ohne eine Regung liegen sah, kam er schnell zurück, beugte sich über sie, war aber nicht in der Lage ihr zu helfen. So rief er um Hilfe, die auch alsbald eintraf. Als sie nach einigen Tagen mit immer noch starkem Kopfweh erwachte, war ihr erster Gedanke, was mit ihrem Lieblingskleid geschehen sei. Die Mutter erklärte ihr, dass das Kleid, das sie so sehr liebte, leider ganz zerrissen sei. Bei dem Sturz war es mitten hindurch gerissen. Als sie das hörte, zog sie sich ihre Bettdecke über den Kopf und weinte leise und herzzerreißend vor sich hin. Auch in den nächsten Tagen kam immer wieder so eine Wehmut über sie und dann musste sie unter die Bettdecke kriechen und weinen. Aber auch dies war irgendwann einmal vorbei. Die Weinkrämpfe hörten fast von alleine auf, so wie die äußeren Schmerzen vergingen. Während ihres Krankenlagers kam auch ihr Lieblingscousin sie oft besuchen. Jedes mal brachte er ihr etwas mit, mal war es ein Frosch oder ein kleines Mäuschen oder irgendetwas anderes, das er „zufällig" draußen gefunden hatte. Ihr war es egal, wo er das alles fand, Hauptsache es brachte viel Freude und Ablenkung und das tat ihr gut. Dann kam die Zeit der völligen Genesung und sie konnte wieder hinaus in die Wälder und Wiesen, die um das große Gut lagen. Mit ihrem Cousin war sie fast immer unterwegs, um mit ihm zusammen Abenteuer zu erleben, wie sie es nannte. Manchmal, mitten im Spiel, kam ihr auch der Gedanke an ihr Lieblingskleid wieder, dann schaute sie an sich hinunter und ein wenig Wehmut kam auf, denn jetzt musste sie wohl oder übel andere Kleidung tragen. So ging die Zeit, Sommer und Herbst, mit Spiel, Freude und Spaß, aber auch manchmal mit Tränen zu Ende.

Eines Tages jedoch geschah etwas Besonderes. Es war noch im gleichen Jahr in dem sie ihren Unfall hatte. Genauer gesagt, es war an einem Tag im Dezember und noch genauer gesagt, es war am schönsten Tag im Jahr, dem Heiligen Abend. Geheimnisvoll ging es an diesem Abend zu, sie meinte, ganz besonders geheimnisvoll. Die Mutter zog ihr für die Bescherung ein schönes Kleid an, jedoch, wie sie meinte, nicht so schön wie ihr ehemaliges Lieblingskleid. Dann wurde die gute Stube geöffnet, in der der wunderschön geschmückte Weihnachtsbaum hell und leuchtend stand. Die Kerzen brannten gleichmäßig und einladend. Mutter und Vater standen beide mit hochroten, freudigen Gesichtern in der Stube und erwarteten sie mit offenen Armen. Dann, als sie einander Frohe Weihnacht gewünscht hatten, packten alle ihre Geschenke aus, sie selber hatte eine längliche Schachtel auszupacken. Als sie die Schleifen sowie das Seidenpapier überwunden hatte und die Schachtel öffnete, da sah sie mittendrin eine wunderschöne Puppe liegen. Aber das allerschönste war, dass diese Puppe ihr Lieblingskleid anhatte. Es war genauso wie das verloren gegangene mit dem schönen Rosenmuster und mit unten auslaufenden Glockenformen. Sprachlos war sie mit einem Mal und Tränen der Freude kamen über ihre Wangen. Als sie aufblickte, da schauten Vater und Mutter zu ihr herüber, und freuten sich sehr, dass ihnen die Überraschung gelungen war. Sie kam nun zu ihnen gelaufen und umarmte beide mit großer Liebe. An diesem Abend, als sie ins Bett ging, da hatte sie das bezaubernde, eigenartige Gefühl, dass diese Puppe sie selbst war. So kam es, dass die Puppe sie überall hin begleiten musste, selbst wenn sie mit ihrem Lieblingscousin Abenteuer spielte. Manchmal wurde sie dabei von ihren anderen Cousins und Cousinen ausgelacht, ihr Lieblingscousin jedoch hielt immer zu ihr, auch wenn es manchmal ein bisschen lästig war. So ging Weihnachten vorüber und das neue Jahr hatte begonnen. Der Schnee in diesem Jahr war reichlich und die Kälte machte allen zu schaffen. Die Puppe hatte inzwischen einen Namen bekommen, Cilie nannte sie sie, in abgewandter Form ihr eigener Name Cäzilia. Manchmal führte sie lange Gespräche mit Cilie, besonders, wenn sie Sorgen und Leid verspürte. Die Erwachsenen erzählten nun von Krieg, und dass sie alle hier wohl nicht mehr bleiben könnten.
Eines Morgens, als sie erwachte, hörte sie dumpfes Grollen. Als sie aus dem Fenster schaute, war nur blauer Himmel zu sehen, doch das dumpfe Donnern hörte nicht auf. Als sie in die Küche kam, fand sie Mutter und Vater, aber auch Onkel und Tanten mit angstvollen Gesichtern beisammen. Es hieß, sie müssten wohl alle fliehen. Zwei große Leiterwagen sollten hergerichtet und jeweils davor ein Pferd gespannt werden. Nur das Notwendigste war einzupacken, genug um die unbekannte Reise in den Westen anzugehen und durchzustehen. Sie ging schnell in ihr Zimmer hinauf, holte ihre Puppe hervor und presste sie an sich. Sie war ihr Ein und Alles, ihr Leben, alles Andere war mehr oder weniger unwichtig, Hauptsache die Puppe war bei ihr. Weiter vorn auf der Straße zogen, erst vereinzelt, dann immer häufiger, kleinere und größere Leiterwagen mit Pferden an ihrem Haus vorüber. Dann war auch die Zeit gekommen, dass sie alle die notwendigen Habseligkeiten gepackt

auf die zwei großen Leiterwagen verstauen mussten. Alle Kinder wurden dick eingepackt, hinauf gehoben und irgendwie auch zwischen das Gepäck verstaut. So erging es auch ihr, nur bekam sie einen Platz ganz am Rande des Wagens, was sie nun überhaupt nicht mochte. Sie wollte sich einen anderen Platz suchen. Während sie so zwischen den verschiedenen Gepäckstücken, Leibern, Beinen und Armen herumstocherte, in der einen Hand ihre Puppe fest im Griff, da wurde sie urplötzlich von einem Erwachsenen angefaucht, dass sie sich doch endlich setzen solle und er packte sie mit festem Griff um den Leib, um ihr einen neuen Platz zu geben. Dies alles kam so überraschend und plötzlich über sie, dass sie ihre Puppe losließ. Zuerst bemerkte sie nichts, da so etwas wie eine Lähmung über sie gekommen war. Aber bevor ihr Bewusstsein und ihre Gefühle wieder einsetzten, rollten die Wagen an und zum Hoftor hinaus auf die Straße. Nun wieder zu sich gekommen, bemerkte sie erst jetzt den Verlust. Sie schrie auf und suchte vergeblich nach ihrer kleinen Cilie. Ihr Schluchzen, Weinen und Betteln, man möge doch den Leiterwagen anhalten, damit sie ihre alles geliebte Puppe finden könne, wurden so laut, dass Mutter und Vater, aber auch alle anderen Erwachsenen, sogar die anderen Kinder, sie zu beruhigen suchten. Ihr Herzeleid war jedoch so groß, dass sie sich nicht beruhigen ließ. Schließlich wurden die Eltern ärgerlich. Sie möge endlich aufhören mit ihrem Gejammere, schließlich gäbe es ja auch noch andere Puppen, wenn sie im Westen wieder eine Heimat gefunden hätten und außerdem wären ihrer aller Sorgen und Nöte im Moment von ganz anderer Art. Da kroch sie in sich hinein und weinte weiter in der stillen Kammer ihres Herzens.

Die Wohnung, in die sie nun zu dritt kamen, hatte zwei kleine Räume, ein Raum als Küche, einer als Wohn- und Schlafzimmer. Mit diesem mussten sie sich bescheiden. Der Vater hatte eine Arbeit als Kohlenträger in einem kleinen Baustoffgeschäft angenommen und so manches Mal ging er mit ihr, dem kleinen Mädchen, einen Rucksack auf dem Rücken, über die Wiesen und Felder um Obst oder andere Feldfrüchte zu suchen oder sie bettelten an den Türen der Bauern um ein wenig Essen zu erhalten. Schmal, ja geradezu dünn, war sie geworden, denn der Hunger war ihr ständiger Begleiter. So schritt die Zeit voran, langsam in ein neues anderes Leben hinein. Als sie schließlich zur Schule kam, war sie ein hoch aufgeschossenes, hübsches Mädchen, das gut lernen konnte. In ihren Augen war jedoch oft eine seltsame Traurigkeit zu sehen. Sie fühlte dies auch in ihrem Herzen ganz deutlich, wusste jedoch nicht woher und weshalb. Nächtelang grübelte sie darüber nach, suchte zu verstehen, zu ergründen, was ihr Herz schwer machte. Dann kam das Abitur, eines der ersten nach dem Krieg. Sie war nun gerade mal zwanzig, als sie zum Studium in eine Universitätsstadt ging, auch eine der ersten, die gerade ihren Betrieb aufgenommen hatte und studierte Psychologie. Das Studium über „die Seele", so nannte sie es, war genau das, was sie suchte, denn jetzt konnte sie vielleicht herausfinden, was es mit ihrer Traurigkeit auf sich hatte. Während dieser Zeit wurde ihr Vater schwer krank, und so ging sie nach Hause zurück, um den Vater zu begleiten und die Mutter zu stützen. Sie liebte ihre Eltern sehr, hatten sie doch alle drei zusammen viel durch gestanden. So vergaß sie niemals, wie tote Kinder aus den Armen ihrer aus Verzweiflung schreienden und anklammernden Müttern gerissen und in Straßengräben geworfen wurden, wie alte und kranke Menschen aus Entkräftung und durch Kälte starben und schnell verscharrt wurden, wie Hunger, Zukunftslosigkeit, Kälte und Schlaflosigkeit an den Herzen und Leibern zerrten und sie alle zusammenrücken ließen, um ein wenig Menschlichkeit fühlen zu können. All das Leid konnte sie verstehen, denn auch in ihr war der Schmerz vergraben, schien das Kind gestorben, welches in der Puppe war.

Als schließlich der Vater starb, hatte sie das Gefühl, dass ein Teil in ihr nun die Verantwortung für sich selbst zu übernehmen hatte und in der Verabschiedung nahm sie das Bild von ihm in ihrem Herzen mit. So stürzte sie sich wieder in ihr Studium, wenn es auch schwerer fiel als vordem, zumal sie auch viel Zeit dafür verwenden musste für ihren Lebensunterhalt selbst aufzukommen. Trotz all dieser Schwierigkeiten hatte sie viel Erfolg, denn das Examen bestand sie mit Auszeichnung. Voller Lebensmut und Freude gedachte sie nun ins Leben zu gehen, denn sie wollte viel bewirken, vielen Menschen helfen. Es gab genug Leid und Schmerz auf dieser Welt, vor allem bei den Kindern, denn sie hatte es ja selbst erfahren und erfuhr es noch immer. Oft musste der Schmerz vergraben werden und kam erst, wenn sie Erwachsene waren wieder hervor. Dem wollte sie entschieden entgegentreten und so dachte sie an die Eröffnung einer eigenen Praxis mit schönen Bildern an den Wänden und viel Spielzeug für die Kleinen. Dies alles ließ sich vorerst nicht verwirklichen, denn sie erhielt die Nachricht, dass ihre Mutter ganz plötzlich an einem Herzinfarkt verstorben war. Es traf sie wie ein Keulenschlag. Gerade wollte sie froh und beschwingt, voller Zuversicht, ins Leben starten, da kam dies. Von vorheriger Freude in tiefe Trauer und Schmerz gestürzt, fuhr sie nach Hause. Auf dem Bettrand sitzend, schaute sie noch einmal in das ruhige, aber auch von Entbehrung und Leid gezeichnete tote Gesicht der Mutter. Auch dieses Bild nahm sie beim Abschied in ihrem Herzen mit, denn jetzt war auch die andere Hälfte von ihr erwachsen geworden. Ganz allein war sie nun, ohne Verwandtschaft, denn auch die Onkel und Tanten, Cousinen und Cousins waren entweder gestorben oder unauffindbar. So stürzte sie sich in ihre Arbeit, und all die Menschen, Kinder und Erwachsene wurden so nach und nach auch ein Ersatz für ihre Familie. Insbesondere aber waren es die Kinder, die ihr am Herzen lagen und wenn ein kleines Mädchen mit ihrer Puppe oder ein kleiner Junge mit seinem Schmusetier in die Praxis kamen, da war es ihr jedes Mal ein besonderes Anliegen sich mit ihnen darüber zu unterhalten, was sie alles mit ihren Lieblingen anstellten. Es waren Zeiten, in denen sie sich leichter und glücklicher fühlte als sonst. Jetzt war es an der Zeit, da sie sich nach einer eigenen Familie sehnte, nach Kindern im eigenen Heim. Alles verlief nach Wunsch. Sie lernte einen Mann kennen und lieben, heiratete und bekam auch bald ein Kind, einen kleinen Jungen. Das Leben zu gestalten, wurde nun etwas schwieriger. Sie musste die Praxis mit ihrem Partner- und Muttersein in Einklang bringen und so manches Mal wuchs ihr das alles über den Kopf. Im Großen und Ganzen jedoch gelang es ihr recht gut.

Dann aber machte das Leben eine scharfe Wende in eine unbekannte andere Richtung, mit der sie keinesfalls gerechnet hatte. Der kleine Junge wurde sehr krank. Ihr Mann und sie liefen von Arzt zu Arzt und es begann eine Odyssee der Hindernisse, Enttäuschungen und Hilflosigkeiten, an dessen Ende sie beide am Grab ihres geliebten Kindes standen. Nun wollte sie ihr ganzes Leben wegwerfen, sie fühlte sich furchtbar leer, noch viel leerer als früher, sie war in einer tiefen Trauer und einem grenzenlosen Schmerz gefangen. Dazu kam, dass ihre Ehe sich als immer schwieriger gestaltete. Gegenseitige Vorwürfe, dem Sohn nicht genügend Sorge und Liebe gegeben zu haben, schlugen tiefe Wunden in ihrer beider Herzen. Eine Beratung sollte den unguten Zustand beenden helfen, doch die gegenseitigen Verletzungen waren indes so groß geworden, dass die Liebe zerbrochen und eine Scheidung unumgänglich wurde. Jetzt war sie wieder ganz am Anfang, da wo sie schon einmal gestanden hatte. Dennoch war sie froh, wenigstens ihre Praxis nicht aufgegeben zu haben. Erneut, wie schon ganz am Anfang ihres Berufes, stürzte sie sich in die Arbeit. So vergingen viele Jahre. Ihre berufliche Kompetenz wurde gerade durch das Leid, welches sie erfahren hatte, immer größer und so kam es, dass sie eine bekannte und anerkannte Therapeutin wurde, zu der viele Menschen von Nah und Fern gerne kamen, denn sie konnte sich in die menschliche Seele und deren Zerrissenheit sehr gut hineindenken, aber noch besser hineinhören. Viele Worte zu machen lagen ihr nicht, dennoch oder vielleicht deshalb gelang ihr mit Leichtigkeit Veränderungen in menschlichen Herzen anzustoßen. Wenn sie dann abends nach Hause, in ihre große Wohnung kam und es sich gemütlich machte, kam es sogar vor, dass sie zufrieden war und so etwas wie ein kleines bisschen Glücklichsein aufkam. In den tieferen Schichten ihres Herzens jedoch kannte sie immer noch kein wirkliches Glück. Unruhe war ihr steter Begleiter, und so manches Mal lag sie nachts wach, grübelte über ihr Leben nach, insbesondere über den Tod des Kindes, welchen sie nicht verhindern konnte, aber fast noch mehr dachte sie über das eigene Herzeleid nach. Natürlich hatte sie daran gedacht, dass Flucht und der Verlust von Heimat sowie der schwierige Neuanfang im Westen damit im Zusammenhang standen. Dass es etwas mit der verloren gegangenen Puppe zu tun haben könnte, war, so dachte sie, vielleicht auch eine wichtige Stafette in ihrem Leben, aber so recht konnte sie nicht daran glauben. Wie kann, so überlegte sie, ein solch kleiner Vorfall ein ganzes Leben beeinflussen und so schob sie tiefere Gedanken und Gefühle daran einfach wieder beiseite.

Eines Tages war es dann so weit, dass sie auch ihre Praxis schließen musste, denn sie war inzwischen zu alt geworden, um längeren Gesprächen konzentriert folgen zu können. So übergab sie die Praxis einer jüngeren Kollegin, mit der sie schon öfters gut zusammen gearbeitet hatte. Nun musste sie sich erneut umstellen, nicht gewohnt, ohne berufliche Planungen zu leben. Dennoch meisterte sie ihren Alltag allein recht gut, und auch Besuche die gelegentlich vorbeikamen, empfing sie gern bis zu jenem Tag als sie den Unfall hatte. Über ihren Teppich war sie gefallen und hatte sich das Hüftgelenk gebrochen. Während des Krankenhausaufenthaltes hatte man ihr dann geraten die Wohnung doch aufzugeben, denn sie könne sich mit dieser Hüftproblematik nicht mehr gut selbst versorgen. So gab sie also schweren Herzens die Wohnung, in der sie so viele Jahre gelebt hatte, endgültig auf und zog in ein Hospiz- und Pflegeheim. So manches Mal ertappte sie sich dabei, wie sie in Gedanken mit wehmütigem Herzens durch ihre alte Wohnung ging. Nein, dachte sie, an das Neue konnte sie sich nicht gewöhnen, so schön das Zimmer in dem sie lebte, auch war. Auch die Schwestern waren mit ihr sehr liebevoll, sie sprachen sie immer mit ihrem Vornamen an „Frau Cäzilia", was ihr eine besondere Freude war.

Plötzlich wurde ihr Erleben unterbrochen, denn es war ihr, dass sie ihren Namen rufen hörte, ja, sie wurde tatsächlich gerufen. „Frau Cäzilia", vernahm sie eine Stimme an ihrem Ohr und gleichzeitig streichelte ihr jemand die Hände. Sie schlug die Augen auf. Wo war sie nur? Oh ja, dachte sie, es ist mein Zimmer mit der schönen Jugendstillampe und den glockenförmigen Tulpengläsern daran. Über ihrem Gesicht war ein Zweites. Es war das der jungen hübschen Schwester, die auf sie einsprach „Frau Cäzilia, so hören Sie doch, Sie haben Besuch. Es ist ein alter Herr gekommen Sie zu besuchen." ‚Was denn, ein Besuch von einem Herrn?', dachte sie. Das konnte nicht sein. Sie hatte ja keine Verwandten mehr und die engen Freunde, die sie eventuell besuchen könnten, waren viel zu weit entfernt. Aber bevor sie noch mehr erwidern konnte, trat die junge Frau beiseite und aus dem Hintergrund schob sich ein altes Gesicht mit Hut auf sie zu. Beide schauten sich an, sie konnte jedoch keine Erinnerung finden. „Cäzilia", hörte sie ihn sprechen, „Cäzilia kennst du mich denn nicht mehr? Ich bin doch der Franz, dein Lieblingscousin." Da trat plötzlich ein wissendes Lächeln auf ihr Gesicht. Ja natürlich, es war ihr Franz. An seinen Augen erkannte sie ihn, die tiefblau waren, genauso blau wie die ihren. Darüber hatten sie sich immer besonders gefreut, etwas Gemeinsames zu haben. Es war so etwas wie eine unverbrüchliche Treue zueinander. Ihr Herz begann plötzlich schneller zu schlagen, wie bei einem jungen Mädchen das ein Rendezvous habe, was es ja auch irgendwie war, wenn auch ein wenig anders. „Wie kommst du hierher" sagte sie leise „und dass du überhaupt am Leben bist ...", weiter konnte sie nicht sprechen, denn die Tränen rannen ihr über die Wangen und die Stimme versagte ihr. Da nahm er ihre

Hände, drückte sie fest und während er ihr ein wenig erzählte, strahlte er sie mit einem breiten Lächeln und frohen Augen an. Dann, als er zu Ende gesprochen, beugte er sich noch ein wenig weiter nach vorn, schaute ihr in ihre klaren, blauen Augen und sagte: „es ist aber noch ein Besuch hier, magst du ihn empfangen?" Sie schaute sich ein wenig ängstlich geworden nach rechts und links um, konnte jedoch niemanden sonst entdecken. Ohne weitere Worte bückte er sich hinunter zu seiner Aktentasche, öffnete sie und entnahm ein nicht all zu großes Päckchen, welches in dunkelblaues Seidenpapier eingewickelt war. Ihre Augen fragten was das denn sei, aber noch bevor sie den Mund aufgemacht hatte, nahm er das Seidenpapier beiseite und hervor kam ihre alte, über alles geliebte, Puppe. Sie war wie erstarrt, so plötzlich ihre Puppe wieder zu sehen. Nein, das konnte wirklich nicht sein, dachte sie, sie war doch verloren gegangen, für immer verloren. Nein, sie musste noch in jenem Traum sein, in dem sie noch vor wenigen Minuten war. Vorsichtig und wie hypnotisiert streckte sie ihre andere Hand nach der Puppe aus und berührte sie ganz zaghaft, dann legten sich ihre Finger immer fester um den Leib der Puppe. Ihre Augen gingen dabei ungläubig schauend von der Puppe hinauf zu Franz, ihrem Lieblingscousin und wieder zurück zu ihrer Puppe. Plötzlich verstand sie, weshalb sie in ihrem Leben so eine immerwährende Traurigkeit hatte, denn diese Puppe war der Inbegriff des freien Lebens ihrer Kindheit, der Wiesen, Wälder, Bäche ihres Herzens, und sie spürte, wie dieser verloren gegangene Teil sich mit dem bisher gekannten und vertrautem verband. So konnte endlich der erwachsene, ernstere mit vielen Schmerzen erfahrene Teil sich mit dem freien und leichten Kind versöhnen und verschmelzen. Nun begann ein Wirbelsturm sich ihrer zu bemächtigen. Er riss alle Türen ihres Herzens auf, hinein in das Zentrum ihres Lebens. Sie glaubte, das Herz müsste ihr zerspringen vor Glück, Freude und einem ganz inneren erfüllt sein, es war eine unbeschreibliche Glücksseligkeit. Weinen und lachen wurden eins und mischten sich mit dem des alten Mannes. Sie drückte ihre Puppe fest an ihre Brust und ganz leise, fast unhörbar, sprach sie zu ihr: „Wo warst du, mein Herz, wo warst du so lange geblieben. Beinahe wärest du zu spät gekommen, ich bin so überaus glücklich, dass du jetzt da bist." Noch während sie so sprach, da war es ihr, dass die Puppe ihr zublinzelte und lachte. Sie sah plötzlich in ihr, ihr eigenes Gesicht wie in einem Spiegel. Doch da war mit einem Mal nicht nur ihr eigenes Gesicht zu sehen. Rings um ihr Bett standen all die Menschen, die sie liebte, ihre Mutter und Vater, ihr kleiner Sohn, der ihr herzlich zulachte, ihre Onkel und Tanten, Cousinen und Cousins und viele liebe Freunde. Sie alle schauten ihr liebevoll ins Gesicht und winkten ihr zu. Und nun geschah etwas Wundervolles, ein helles Licht kam aus der Mitte ihres Herzen, breitete sich aus und traf sich mit all den Umstehenden. Aus diesem Licht hörte sie wundersame Stimmen, in Musik, wie sie sie niemals zuvor gehört hatte, die sie riefen nach Hause zu kommen. So erhob sie sich voller Glückseligkeit und verwundert über ihre Leichtigkeit hinauf.

Da löste der alte Mann seine Hand aus der ihren und legte diese zu ihrer anderen, die die Puppe hielt. Dann beugte er sich hinunter und küsste sie noch einmal, während er mit der anderen Hand ihre schönen Augen schloss, entnahm aus seiner Aktentasche eine kleine Kerze, entzündete diese und stellte sie auf das Nachtschränkchen. Langsam breitete sich das warme Licht im stillen Zimmer aus. So verharrte er eine lange Zeit in Gedanken, sich des gemeinsamen Lebens erinnernd.
Er sah sich mit ihr noch einmal über die weiten Wiesen tollen, hörte die Zweige im Unterholz knacken, wenn sie gemeinsam im Wald Verstecke suchten, um sich Hand in Hand Geschichten zu erzählen, sich gegenseitig trösteten, wenn einer von ihnen Schmerz und Trauer hatte und sich gemeinsam über Gelungenes freuten. – Alle diese Bilder drängten sich jetzt auf und umhüllten ihn. Er seufzte tief und stand dann langsam auf. Bevor er ging, schaute er noch einmal auf das kleine, fast jugendliche Gesicht zurück, das ein wenig wie verloren,

aber doch so wunderschön in den weißen Kissen lag. „Auf Wiedersehen, Cäzilia", murmelte er leise, „denn wiedersehen, werden wir uns sicherlich" und eine Träne suchte sich ihren Weg über seine Wangen. Dann nahm er seine alte Aktentasche und setzte den Hut auf, wandte sich vom Bett und so ging er gleichermaßen schweren wie leichten Herzens hinaus.

Frohe Weihnacht

Es war wie an jedem Heiligen Abend, der alte Herr ging durch die Straßen seiner Stadt, in der er schon sehr viele Jahre lebte. Die Straßen waren in buntes Licht getaucht und auch in den meisten Geschäften erstrahlte noch die Weihnachtsbeleuchtung. Den wenigen Menschen, denen er begegnete, versuchte er auszuweichen. Er war mit seinen eigenen Gedanken beschäftigt, wie an jedem Heiligen Abend. So auch diesmal. Es kamen ihm Gedanken an seine Frau, die vor einigen Jahren gestorben war und die er so schmerzlich vermisste. Er dachte auch an seine Kinder, vor allem an seine Tochter, die vor vielen Jahren als kleines Mädchen durch einen tragischen Autounfall ums Leben gekommen war, sowie an den Sohn, der sehr weitab wohnte. Eigentlich war er gar nicht so unzufrieden, aber am Heiligen Abend da kamen ihm jedes Mal die gleichen Gedanken. Er musste hinaus aus seiner Wohnung, um sich abzulenken, denn er fühlte sich gerade an diesem Abend sehr allein. Während er so dahin lief und sich auf die alljährlichen „Weihnachtsgedanken" einstellen wollte, merkte er, dass er immer wieder abschweifte. Er konnte sich nicht auf die so alt gewohnten Gedanken konzentrieren. Etwas Neues drängte sich ihm auf. Etwas, das er bisher nicht kannte.

Vor einigen Wochen nämlich lernte er ein kleines Mädchen kennen. Es mochte etwa sieben Jahre alt sein und es war pechschwarz, eine Schwarzafrikanerin. Sie hatten sich im Hausflur kennen gelernt als er gerade hinunter zum Spazierengehen wollte und das Mädchen heraufkam mit einem kleinen Ball in der Hand. Es hatte im Hof gespielt. Gerade als es an ihm vorbei wollte, da stolperte es rutschte aus und fiel auf die Knie. Er half der Kleinen auf, schaute, ob sie sich verletzt habe und fragte, wo sie denn wohne. Das Kind hatte erst ein wenig geweint, aber als es merkte, dass er es gut mit ihm meinte, da schaute es auf und erzählte ihm, dass es oben im zweiten Stock wohne mit seiner Mutter zusammen. Sie seien erst vor einiger Zeit aus Afrika hierher gezogen. Nun war er neugierig geworden. Er setzte sich auf den Treppenabsatz und fragte das Kind, ob es sich nicht auch ein wenig zu ihm setzen wolle. Das Mädchen nickte mit dem Kopf. Und so saßen sie eine ganze Zeit lang nebeneinander. Das Kind erzählte, wie es mit ihrer Mutter aus Afrika hierher gekommen war. Auch stellten sie beide fest, dass sie ja Tür an Tür wohnten. Danach wollte sie etwas über ihn wissen und so erzählte er ein wenig von sich selbst und aus seinem Leben. Während sie sich so unterhielten wurde ihm dabei ganz warm ums Herz. Dann nach einer Weile verabschiedeten sie sich voneinander, denn er wollte ja noch ein wenig spazieren gehen. Seit dieser Zeit hatte er das Gefühl, dass sie miteinander irgendwie Freunde geworden waren.

Und jetzt, als er so alleine durch die hell erleuchteten Gassen ging, kam ihm das alles wieder in den Sinn. Aber auch noch etwas anderes kam ihm in den Sinn. Es war vielleicht eine Woche vor Weihnachten, da sprachen sie wieder miteinander und er erkundigte sich, ob sie denn auch etwas zu Weihnachten bekäme. Das kleine Mädchen sagte ihm, dass sie kein Geld hätten und ihre Mama ihr gesagt habe, dass sie das wenige Geld für Essen brauchten. Aber einen kleinen Tannenbaum könnten sie sich schon leisten, meinte sie. Ihm schien es so, dass sie sehr vernünftig war, fast ein wenig altklug. Aber er spürte auch, dass da noch etwas anderes in ihrem Herzen war. So fragte er weiter, ob sie nicht auch einen kleinen Wunsch für sich alleine hätte. Das Mädchen sagte lange nichts, aber dann, es schien ihm, dass

sie ein wenig verschämt war, sagte sie leise, sie hätte so gerne eine kleine Puppe. Auch dies kam ihm jetzt wieder in den Sinn. Warum ausgerechnet jetzt, er wollte doch seinen alljährlichen Weihnachtsgedanken nachhängen. Wieso kam ihm das Kind und sein Wunsch immer wieder in den Sinn?

So ging er, mit diesen Gedanken ganz versunken, immer weiter die Straße entlang. Die erleuchteten Schaufenster wurden immer weniger. Und so kam er in eine Gegend, die völlig unbeleuchtet war. Nach einer Weile bemerkte er dies, denn er war in der Zwischenzeit in eine ganz enge kleine Gasse geraten und bekam es ein wenig mit der Angst zu tun, so mutterseelenallein im Dunkeln zu stehen. Gerade als er sich umdrehen und weggehen wollte, da bemerkte er ganz weit hinten ein Licht. Nun, was sollte er machen, weitergehen und nachschauen, was dies wohl sei, oder doch seiner Angst nachgeben und weglaufen. Aber schließlich siegte seine Neugier und so ging er auf dieses Licht zu. Urplötzlich stand er vor einem ganz kleinen Laden. Es blinkte und glitzerte aus dem Schaufenster heraus, als ob es ihn einladen wolle doch hereinzukommen. Er nahm allen Mut zusammen, ging auf die Tür zu, öffnete sie und fand sich in einem Laden wieder, den er so noch nie gesehen hatte: Da waren wunderschöne glitzernde Steine zu sehen und viel Spielzeug, kleine Trommeln, Pferdekutschen mit Weihnachtsmännern darauf, viele kleine und große Engel mit goldenem Haar und viele andere Dinge, die er schon lange nicht mehr angeschaut hatte. Es reizte ihn sich ein wenig umzuschauen. Als er gerade dies tun wollte, kam ein sehr kleiner, uralter Mann aus irgendeiner Ecke auf ihn zu. Er schaute den Besucher mit freundlichen Augen an und bedeutete ihm mit einer Geste sich doch umzuschauen, ohne ein Wort zu sprechen. So ermuntert, ging er langsam durch den Laden und schaute sich dies und jenes an, nahm das eine oder andere auf, um es genauer zu betrachten. Auf diese Weise kam er langsam durch den ganzen Laden und als er sich gerade verabschieden wollte, entdeckte er aus den Augenwinkeln eine gläserne Vitrine. Neugierig geworden, was dies sei, ging er auf diesen gläsernen Kasten zu. Er bückte sich und schaute hinein, konnte jedoch nichts erkennen und so kramte er in seinen Taschen nach seiner Brille. Als er diese aufgesetzt hatte, schaute er noch einmal genauer hinein. Und da sah er eine ganz kleine Puppe liegen. Nichts weiter war in der Vitrine als diese kleine Puppe. Dann geschah etwas, was es nur an einem Abend wie diesem gab. Er hörte plötzlich die Puppe zu ihm sprechen. Es war eine helle und klare Stimme, die er hörte: „Ja schau mich nur an, ich bin eine traurige Puppe. Alle schönen Dinge um mich herum sind schon mitgenommen worden, um unter irgendeinem Weihnachtsbaum zu liegen. Nur ich liege hier noch so herum. Aber ich möchte auch unter einem Weihnachtsbaum liegen, um bei einem Kind zu sein." Dabei rannen wirkliche Tränen aus den Puppenaugen. Der alte Herr glaubte sich verhört zu haben und meinte, dass er schon verrückt wäre und Stimmen hörte, die gar nicht da waren. Alles in allem, er zweifelte an seinem Verstand. Aber da hörte er die Puppe wieder sprechen: „Willst Du mich nicht mitnehmen und unter einen Weihnachtsbaum legen? Vielleicht wo ein Kind ist, das mich dringend braucht." Der alte Herr konnte nun nicht mehr umhin die Worte wirklich gehört zu haben. Er schaute sich noch einmal vorsichtshalber um, ob die Worte nicht woanders herkämen, nicht von dieser Puppe. Aber es war keine andere Quelle zu entdecken. So musste er nun annehmen, dass es Wirklichkeit war, was er da hörte. Und irgendwie im Hinterkopf kam ihm der Gedanke, dass dies ja wohl auch eine besondere Nacht sei, wo etwas passieren konnte, was sonst nicht passierte. Er nahm allen Mut zusammen, öffnete den Glaskasten und nahm die Puppe heraus. Aber gerade als er sich umdrehte um zu bezahlen, stand der uralte kleine Mann hinter ihm. Er erschrak ein wenig und schämte sich, dass er auf eigene Faust gehandelt hatte. Aber dieser gab ihm zu verstehen, dass er recht gehandelt habe und er brauche auch nichts zu bezahlen. Dann wickelte er die kleine Puppe in ein rotes Seidenpapier ein und überreichte sie dem alten Herrn mit einem Lä-

cheln auf dem Gesicht, die dieser, noch immer ein wenig verschämt, entgegennahm. Dann bedankte er sich noch einmal herzlich und verabschiedete sich mit einem festen Händedruck und verließ den kleinen Laden.
Als er auf die dunkle Gasse hinaustrat, da war ihm ganz eigenartig zumute. Er hatte so ein freudiges Gefühl in seinem Herzen und er wusste auch, wem er diese kleine Puppe zu bringen hatte. So machte er sich denn eiligen Schrittes auf den Weg, um nach Hause zu kommen. Unten an dem Haus, in dem er wohnte, angekommen, schloss er die Haustür auf, trat in den dunklen Flur, und ging langsam die Treppen hinauf. Hinter den Wohnungstüren an denen er vorbeikam, hörte er manchmal leises Kinderlachen und freudiges Tuscheln. Er stieg hinauf bis zu dem Stockwerk seiner Wohnung, ging jedoch nicht hinein, sondern wandte sich zur Wohnungstür des kleinen Mädchens. Jetzt klopfte ihm doch das Herz ein wenig. Sollte er die schrille Klingel bedienen oder wie sollte er sich bemerkbar machen? Schließlich klopfte er an die Wohnungstür, denn das schien ihm am allerwenigsten aufdringlich zu sein. Es geschah nichts. So klopfte er noch ein zweites Mal, diesmal etwas lauter. Aber es rührte sich immer noch nichts. Vielleicht, so dachte er, feiert das Kind mit seiner Mutter woanders Weihnachten. Ein wenig Niedergeschlagenheit überkam ihn und so wollte er gerade das kleine Päckchen auf den Boden vor die Wohnungstür legen, in der Hoffung, dass das Kind das Päckchen am nächsten Morgen finden würde, da öffnete sich ganz vorsichtig die Tür einen Spalt breit und langsam kam der Kopf des kleine Mädchens hervor. Als es den alten Herrn erblickte, da lachten seine Augen, denn jetzt war es nicht mehr allein. Nun ging er vor dem Kind in die Hocke und überreichte ihm das kleine, in rotes Seidenpapier eingewickelte Päckchen. Das Kind schaute ihn fragend an, dann wickelte sie es ganz langsam aus und als die kleine Puppe zum Vorschein kam, da sah er in zwei große, dankbar-glückselige Augen. Das Kind schlang beide Arme um seinen Hals, küsste ihn und sagte ganz leise „Danke". Als ihm dies alles so widerfuhr, da wurde sein Herz mit einem Mal ganz weich und er fühlte eine große Liebe in sich aufsteigen. Er sprang auf wie ein junger Mann, der das Alter nicht kennt. ‚So musste sich Glücklichsein anfühlen', dachte er, wandte sich dann langsam von dem kleinen Kind und ging zur eignen Wohnung hinüber. Währenddessen hörte er von irgendwoher ein altes Weihnachtslied: „Ein Kind ist uns geboren, ein Sohn ist uns geschenkt..." ‚Ja', dachte er, ‚nicht nur ein Kind, sondern überall auf dieser Welt werden ja Menschenkinder, GottMenschen geboren', und fühlte die Wahrheit dieser Gedanken.
An seiner Wohnungstür angekommen, schloss er auf und trat in die dunkle Wohnung. Nicht weit davon stand sein alter Lehnstuhl und davor ein kleiner Tisch. Auf ihm lag ein dünner Tannenzweig, darauf stand eine alte Kerze. Schon vor langer Zeit hatte er vergessen, wie es war eine Kerze anzuzünden am Weihnachtsabend. Nun nahm er ein Streichholz und zündete die Kerze an. Dann schaute er hinein in das warme Licht, das langsam empor flackerte. Als er so hineinschaute, da war es ihm, als ob das Licht immer heller würde und aus diesem hellen Licht sah er Gestalten kommen, erst undeutlich, dann immer deutlicher werdend. Sie kamen auf ihn zu. Da waren seine Mutter, sein Vater und er sah sich selber als kleinen Jungen zwischen ihnen. Er sah seine kleine Tochter, die er so sehr vermisst hatte und er sah seine Frau, die ihn liebevoll anschaute. Er sah Freunde und Bekannte und Menschen, die in seinem Leben wichtig waren. Er sah sein ganzes Leben. All diese Gestalten, all diese Menschen kamen auf ihn zu. Sie lachten und freuten sich und wünschten ihm eine „Frohe Weihnacht". – Als der alte Herr all das sah und hörte, da wusste er mit einem Mal, dass er nicht alleine war, ja dass er nie allein gewesen ist. Mit dieser Erkenntnis kam eine große Glücksseligkeit über ihn. Mit einem Mal wurde sein Horizont geöffnet und er begriff, dass alles und jedes eine tiefe Wahrheit und Wichtigkeit besaß. Er schloss die Augen lehnte sich zurück und ein wissendes, tiefes Lächeln breitete sich auf seinem Gesicht aus.

Als am nächsten Morgen die junge Frau herüber kam, um sich für das Geschenk ihrer kleinen Tochter zu bedanken, da sah sie den alten Herrn, noch in Hut und Mantel, tot auf seinem Sessel sitzen. Aber auf seinem Gesicht war ein wundervolles Leuchten.

Die Begegnung

Er wusste nicht, was Leben ist. Fünfzig Jahre war Franz jetzt, und noch immer konnte er sich nicht zurechtfinden in der Welt, geschweige denn in seinem Inneren. Er grübelte oft darüber nach, was es denn sein könnte, was ihm so fehlte. Aggressiv war er so manches Mal, dann wieder durcheinander, verschmolzen mit Anderen, hingebungsvoll, um in der folgender Zeit wieder in das Gegenteil zu verfallen, ständig schwankend und unzufrieden. Natürlich gab es da auch zufriedene Momente, aber insgesamt war er, wenn er ehrlich war, unsicher und dazu leicht zu beeinflussen. Stark sein, kompetent sein, in sich sicher sein, etwas bewirken wollen, dass war seine Vision, sein Bild von sich selbst. Aber dieses Bild ließ sich einfach nicht erreichen. Es war ihm, als ob es sich ständig entfernen würde. Wenn er danach griff, schien es zu entfliehen und wenn er es in Ruhe ließ, war es plötzlich wieder näher. Das Verrückte aber war, dass dieses Bild immer zugegen war, es verschwand nie, sondern schien ihn zu quälen, ins Herz und Fleisch zu schneiden. So manches Mal kam ihm der beängstigende Gedanke, ob er vielleicht einfach nicht die Kraft besaß über die Brücke auf die andere Seite zu gelangen. Kraft, Energie, das war ja zeitlebens ein Thema von ihm. Er wusste aus Erzählungen, dass er als kleines Kind beinahe gestorben wäre. Die Ärzte hatten den kleinen Franz aufgegeben, wenn nicht die Großeltern und Eltern um sein kleines Leben gekämpft hätten. So war er zwar nicht gestorben, aber Leben schien ihm doch etwas anderes zu sein. Die Mutter hatte ihn gebraucht, vielleicht auch andere Menschen, aber sie brauchte ihn, Franz, am meisten. Er wusste, dass sie viel, allzu viel zu erleiden hatte, und um weiterleben zu können, brauchte sie vielleicht ein Stück von seinem Leben. Vielleicht war es das, was ihm fehlte, dieses Stück ausgeborgtes Leben. Wenn es so war, wie sollte er es sich denn zurückholen? Mutter war tot, selbst wenn sie am Leben wäre, wie könnte sie es ihm den überhaupt zurückgeben? ‚Unsinnige Gedanken', dachte er, ‚weit hergeholt.' Und doch nagte immer wieder dieser Gedanke an ihm. Franz stand jetzt auf, er seufzte, was nützte ihm das Grübeln und sich in Gedanken und Gefühle hineinsteigern, die doch nicht in die eigenen Schuhe zurückfinden ließen. Er musste zur Arbeit gehen, es war an der Zeit. In einer Firma war er als Grafiker untergekommen. Zeichnen war schon immer eine Passion von ihm, Malen und Gestalten waren jedoch die geheimen Leidenschaften, auf die er sich zu abendlicher Stunde besonders freute.

So verließ Franz das kleine Haus, in dem er wohnte. Ja, ein Haus hatte er sich gekauft, mit einem kleinen aber feinen Garten drum herum. Verheiratet war er nicht. Auch das war so ein Thema. Wie hätte er denn heiraten können ohne sein eigenes Ich? Also schob er diese Gedanken schnell wieder weg. Wenn das eine nicht vorhanden, dann konnte das andere eben nicht vollzogen werden, so bitter und traurig es auch war. Die Arbeitsstätte lag etwas außerhalb, aber nicht allzu weit von seinem Haus entfernt. So ging er jeden Tag zu Fuß eine schnurgerade Landstraße entlang, die an beiden Seiten mit verschieden großen Schrebergärten angelegt war. Zu Fuß zur Arbeit zu gehen, machte ihm Freude, konnte er doch seinen vielschichtigen Gedanken in aller Ruhe nachhängen. Es konnte vorkommen, dass er dann schon mal die Richtung verlor und ganz woanders heraus kam. Dann musste er sich besonders beeilen rechtzeitig zur Arbeit zu kommen, jedoch auf dem Nachhausewege war es ihm einerlei. So ging Franz seinen täglichen Trott, morgens zur Arbeit und abends nach Hause. Dann kamen die wenigen glücklichen Stunden des Malens. Wenn er jedoch

im Lehnstuhl saß oder im Bett lag, den Druck der Ohnmacht und Kraftlosigkeit auf der Brust, dann kamen sie wieder, die altbekannten Dämonen. Es schien, dass sich niemals etwas ändern wollte. Aber eines Tages oder war es nachts, gab es doch eine Veränderung und zwar eine, die er nie mehr vergessen sollte. Auf dem Nachhausewege war er gerade und über ihn kamen die altbekannten Gedanken und diese Gedanken wurden zusehends zu Bildern, die ihn immer mehr und tiefer hinein nahmen in ein anderes Leben. Er lief seine Straße entlang und als er einmal aufschaute, da war plötzlich der altbekannte Weg nicht mehr der gleiche, obwohl alles gleich aussah. Es war irgendetwas, das sich verändert hatte. Franz konnte keine Anhaltspunkte dafür finden, ob er sich noch auf seinem altbekannten Weg befand oder nicht. Es schien ihm, dass er träumte, aber gleichzeitig liefen seine Füße auf der Straße. Es war ganz seltsam, seltsam unwirklich und doch wirklich. Franz hatte das Gefühl weder oben noch unten zu kennen, so wie es Menschen erzählten, die im All gewesen waren. In ihm kroch nun die Angst hoch, dass es möglich sein könne nicht mehr zu wissen, was Wirklichkeit ist. War es Wirklichkeit, was er gerade erlebte oder nicht, es war wie eine unwirkliche Wirklichkeit, etwas Paradoxes, Verrücktes eben etwas Undenkbares und doch war es real. Die Straße war nun urplötzlich zu Ende und mündete auf einen alten Friedhof. ‚Nein, einen Friedhof', so dachte Franz, ‚hatte es bisher auf seinem Nachhauseweg noch nicht gegeben.' Hatte er sich vielleicht nicht doch schon wieder einmal verirrt, war woanders gelandet. Auch war sein Haus oder die vertraute Umgebung keinesfalls zu entdecken. Was sollte er in aller Hergotts Namen denn jetzt tun? Weitergehen durch das Tor in den fremden Friedhof hinein oder umkehren. Als er sich umschaute war weit und breit nichts zu sehen von einem Haus, geschweige denn von seinem. So schaute er wieder nach vorne. Vielleicht ist ja hinter dem Friedhof sein Heim zu sehen, obwohl es ihm verrückt vorkam. Denn bislang gab es keinen Friedhof zwischen seinem Haus und der Arbeit. Irgendwie musste er eine Entscheidung treffen, Wirklichkeit hin oder her. Es war alles sowieso nicht mehr vernünftig oder logisch. Was spielte es schon für eine Rolle, wenn er seinen Verstand und die dazugehörigen Gedanken einfach losließ, jedoch entscheiden musste er sich. So ging Franz einfach weiter, durch das Friedhofstor hindurch. Er schaute auf den Boden, einen jetzt breiten Weg verfolgend, um schneller hindurch zu kommen. Aber da hörte der breite Weg unvermittelt auf. Jetzt musste er aufschauen. Und als er sich so umschaute, war er erstaunt sich in uralten Bäumen wieder zu finden, es war ein etwas morbider, verwilderter, aber nichts desto trotz wunderschöner alter Park, in dem zum Teil ganz verwitterte alte Grabsteine standen. Die Grabsteine hatten keine Kreuze. So vermutete er, dass es sich eventuell um einen alten jüdischen Friedhof handeln könne. Das Besondere war jedoch, dass der Friedhof an einem steilen Berg gelegen war. So nahm Franz, den inzwischen schmalen Pfad folgend, seine Wanderung durch den alten Friedhof wieder auf, hinauf auf den Berg. Und während er so hinaufstieg, wurde es ihm sehr schwer zu gehen. Zuerst dachte er wohl, dass es der überaus steile Weg war, der so anstrengte, aber dann bemerkte er, eine große Last auf seinem Rücken. Er hatte aber doch keinen Rucksack mitgenommen, nur eine Aktentasche. Aber die Aktentasche war nicht mehr da, dafür trug er etwas auf seinem Rücken. Was war das bloß. Mit seinen Armen und Händen versuchte er nun dieses Schwere auf seinem Rücken zu identifizieren, aber es gelang ihm nicht den vermeintlichen Rucksack oder was es sein mochte zu erreichen. Der Pfad wurde nun so steil und die Last auf seinem Rücken so schwer, dass er schwer atmend stehen blieb. Dann schaute er zurück, hinunter auf den gekommenen schmalen Weg. Und da sah er irgendeine Bewegung, es musste hinter einem Grabstein sein. Als er noch einmal genauer hinsah, da sah er sie. Noch konnte Franz es nicht glauben, was er da sah. Aber sie war wirklich da, seine Mutter. Es schoss ihm wie ein Blitz durch den Kopf, dass sie doch schon tot sei, schon lange gestorben. Aber er sah sie. Sie schaute hinter einem alten Grabstein hervor und lachte ihm mit einem wundervollen strahlenden Gesicht, einem Gesicht das ganz und gar jung und schön war an. Franz hatte ein solches Bild von seiner Mutter nicht in seinem Gedächtnis. In seiner Erinnerung war sie eher abgehärmt und traurig mit ihren großen dunklen Augen. Aber noch ehe er das alles mit sich in Einklang zu bringen versuchte, hörte er sie zu ihm sprechen. Das Seltsame jedoch war, dass er sie in seinem Kopf und nicht mit seinen Ohren hörte. „Franz, willst du mich auf den Berg hinauftragen?" Ohne zu überlegen ganz spontan sagte er „Ja, das will ich Mutter." Es war für ihn wie eine Selbstverständlichkeit, ja wie ein inneres Bedürfnis dies zu tun. So nahm Franz die Mutter auf seinen Rücken, verwundert darüber, dass er sie spüren konnte ihre Beine, den ganzen Körper, es war eben ganz „real". Über real oder nicht real machte er sich sowieso schon keine Gedanken mehr, es war ihm einfach nicht mehr wichtig, es war wie es war, man braucht darüber nicht mehr nachzudenken. Der Pfad wurde inzwischen so steil, dass auf einer Seite ein Seil gespannt war und er mit Hilfe dieses Seiles sich nach oben zum Berggipfel zog, denn die Muttergestalt lag schwer auf seinem Rücken. Als Franz oben angekommen war, musste er anhalten, denn er stand vor einem dunklen alten übergroßen Tor. Das Tor öffnete sich von alleine, noch bevor er ein Hand ausstrecken musste es zu öffnen. Nun trat er mit der Mutter hindurch, durch dieses weit geöffnete Tor. Und während er die Schritte hindurch machte, da war es ihm plötzlich, dass sein Rücken völlig frei und leicht war. Franz schaute sich um, aber seine Mutter war nicht mehr zu sehen. Wo war sie nur, er wollte ihr doch noch so viel sagen. Ein wenig Traurigkeit schlich sich in sein Herz, gemischt mit großer Erleichterung ob der Leichtigkeit, die er so plötzlich verspürte. War sie es, die er durch das Leben getragen hatte, mit all ihrer Traurigkeit und ihrem Schmerz? Ja, überlegte er, es war vielleicht schon richtig, was er des Öfteren früher gedacht hatte. Sie hatte sich von ihm ein Stück Leben geborgt, denn ihre Beine waren zu schwach das eigene Leben alleine zu bewältigen. Da wurde ihm deutlich, weshalb sein bisheriges Leben so schwerfällig und mit wenig Freude und Kraft verlaufen war. Er musste sie noch einmal finden, er brauchte sie dringend, um sich von ihr das fehlende Stück Leben zurückzuholen. Aber wie sollte er, Franz, so ohnmächtig wie er war, die Mutter nochmals finden können. Es wurde ihm klar, dass es nicht eine Sache des Machens, des Suchens war, diese Wahl hatte er nicht, es war ihm sozusagen aus der Hand genommen. Er musste warten lernen, um das finden zu können, was er suchte. So ging er nun langsam weiter den kleinen Pfad entlang, der ihn ganz durch das Tor hindurchführte und da zeigt sich mit einem Male wieder der breitere Weg, der vorhin so plötzlich aufgehört hatte. Dieser führte nun gänzlich vom Berg hinunter. Allmählich, so schien es ihm, kam ihm die Umgebung wieder etwas vertrauter vor und alsbald sah Franz auch sein altes schönes kleines Haus wieder. Er trat ein, freute sich, dass er da war, und wie immer wenn er von der Arbeit kam, wollte er es sich gemütlich machen. Diesmal jedoch gelang es ihm nicht so recht. Irgendetwas hatte sich für immer verändert.

Es war zwar noch sein altes bekanntes Heim, die Wohnräume, die ihm vertraut waren, so recht zu Haus jedoch fühlte er sich nicht mehr. Wo er auch hinsah, erlebte er eine gewisse Fremdheit, so als ob ihm das alles, was er besaß, nicht mehr gehörte. Außerdem kam es ihm vor, dass er noch eine Reise anzutreten habe. Sein Gefühl war, auf unsichtbaren Koffern zu sitzen, alles in allem, als ob man sich in einem Zwielicht befände. Nach und nach jedoch trat alles wieder ein wenig in den Hintergrund und der Alltag sowie die Arbeit schoben sich in ewig gleicher Abfolge in den Vordergrund, bis auf die wenigen Malstunden am Abend, die ihm Freude und Glück brachten.

So verging die Zeit, ohne größere Vorkommnisse und Bewegungen. Eines Tages jedoch geschah etwas Unerwartetes und es geschah gerade, als Franz keine Erwartungen mehr hatte. Es war, wie schon einmal, auf seinem Weg zur Arbeit. Die Straße lag verlassen da und die Sonne ging gerade auf. Er wollte früh bei der Arbeit sein, um dann abends etwas längere Zeit für seine Malerei zu haben. Es war Sommer und recht warm und so hatte er sich vorgenommen, nochmals in die abendliche Natur hinauszugehen, sich hineinnehmen zu lassen in jenes wunderbare Licht der Verklärung, welches neue Bilder zu schaffen imstande war. Seine Gedanken und mehr noch seine Gefühle kreisten um diese neue Schöpfung, die er an diesem Abend fertig stellen wollte. Da vernahm er aus den Augenwinkeln eine Bewegung. Er schaute auf, und während er dies tat, war sein Blick auf die, an dieser Seite liegenden Schrebergärten gerichtet. Da sah er etwas sehr Merkwürdiges, Ungewöhnliches. In einem der Gärten waren ein paar Menschen versammelt. Es war, als ob sie ein Fest feierten. Franz dachte, dass es doch sehr ungewöhnlich sei, so früh am Morgen mit so vielen Menschen ein Fest zu feiern. Er blieb stehen und schaute dem Treiben zu. Da löste sich plötzlich eine Gestalt aus der Menge und kam auf ihn zu. Während sie näher kam, wurde das Gesicht immer deutlicher. Es war eigentlich nur das Gesicht, weniger ihre Gestalt, als er sie erkannte, seine Mutter. Sie kam an den Rand des Gartens, da, wo die Böschung begann, und winkte ihm zu. Franz war wie betäubt. So unerwartet war alles für ihn, dass er sich nicht gleich bewegen konnte, ihrer Einladung zu folgen. Dann jedoch kam er langsam auf sie zu und setzte sich. Nun saßen sie sich von Gesicht zu Gesicht und Auge in Auge gegenüber. Etwas, das es so in dieser Intensität zwischen ihnen nie gegeben hatte. Es waren ganz entspannte, liebevolle und freundlich lachende Augen, die da auf ihn gerichtet waren. Er spürte, wie diese Augen, ihn aufnahmen, wie er gleichsam in sie hineinfiel, eintauchte, untertauchte in zwei unergründliche Seen voller Güte und Bereitschaft. Franz spürte in diesem Augenblick seinen Körper nicht mehr, er war nur noch Auge, nur noch Hingabe und Einverstanden sein. Nun hörte er ihre Stimme, die schon lange entschwunden war. Wie lange war es her, dass er sie gehört hatte. Ihm schien es eine Ewigkeit. „Franz, was hast du?" Es waren vier Worte, die ihn bis ins Mark trafen, wie ein Blitz berührten. In diesem Augenblick rissen die Mauern, die fest gefügten Felsen der Hilflosigkeit und Kleinheit, der Orientierungslosigkeit, Kraftlosigkeit und Selbstsucht ein. – Jetzt begann seine Welt, sein Leben in Bewegung zu geraten. Die Wenns und Abers des Nichtkönnens und Wollens, die Entschuldigungen, Zaghaftigkeiten und Halbheiten rollten wie geborstenes Gestein an ihm vorbei. Und dann kam das Wasser. Er wusste nicht wie ihm geschah. Überall her kam das Wasser, aus allen Öffnungen kam es, ungeheuerlich mitreißend, anschmiegsam, tröstend und schmerzhaft zugleich. Franz wusste es nicht aufzuhalten, nicht zu verhindern. Es kam aus ihm, wie er es nie gekannt, ein gewaltiger Strom, der alles schmerzliche, vorher gewesene abwusch, zertrümmerte und wieder neu aufbaute. Es war wie ein Sterben und ein neu geboren sein. Durch diesen Malstrom, diesen Strom von Wasser hindurch, sah Franz das Gesicht mit den tiefen Augen. Aber ehe er sich noch auf dieses Gesicht einlassen konnte, nahm sie seine Hände. Und in diesem Moment spürte er ein gleißendes Feuer, eine glühende Lava, die sich in ihn ergoss, durch ihn hindurch floss, ihn presste und formte. Alles schmolz von ihm ab, alles wurde umgeschmolzen, gleichsam neu geschmiedet, neu geformt. Mit diesem Strom des Feuers der Gestaltung kam eine ungeheure Kraft, eine Energie, die er niemals zuvor gekannt, nie gespürt hatte. Diese beiden Ströme trafen nun auf einander, drangen gegeneinander und ineinander und verbanden sich in ihm zu einer gemeinsamen Gegensätzlichkeit. Jetzt konnte Franz sich nicht mehr halten. Er sprang auf die Straße, hinein in ein Meer von Menschen, die alle in Bewegung waren, sich auf etwas zu bewegen, einem Ziel, das nicht zu ergründen war. Mit einer kraftvollen Leichtigkeit lief er, so leicht, wie er sich niemals zuvor gefühlte hatte. Dieser Menschenstrom wälzte sich mit ihm voran, gleich einem Tsunami menschlicher Leiber. Bald jedoch spürte Franz, dass die Kraft in ihm mehr wollte, hinausstrebte aus ihm in eine größere Dimension. Er löste sich mit gro-

ßen Schritten mehr und mehr von den anderen, ließ sie alle zurück und ohne sich noch einmal umzudrehen, lief er seinen eigenen Weg. Die Schritte wurden immer größer, sowie seine Gestalt sich zu verändern begann. Sein ganzer Körper streckte sich. Mit einem Mal erhob er sich, wurde größer und größer. In diesen Gestaltwandel floss seine ganze Kraft hinein. Die geistige Kraft veränderte die körperliche auf eine Weise, wie er es nicht für möglich gehalten hatte. Bei diesem Gedanken konnte Franz jedoch nicht verweilen, denn schon drängte es ihn weiter an Maßen sprengend. Die Welt unter ihm wurde klein und kleiner. Er sah die Menschen in ihren Häusern beengt oder großzügig in ihrem Alltag, sah Autos, Straßen, Städte, Wälder, Felder und Wiesen, durchlief Wüsten, zerklüftete Berge und sturmgepeitschte Meere, erlebte eisige Landschaften, rotglühende Sonnenuntergänge und unendliche Sternenwelten. Dies alles sah er, wurde ihm bewusst und doch wiederum nicht. Sein Gesicht, seine ganze Gestalt strebte jenem unbekannten Horizont voller Licht und Farben zu, einer unglaublich hellen Sonne. Es war ein Licht, welches gleichsam innen wie außen war, ihn durchdrang, ihn zu durchleuchten schien. Dieses Licht ließ ihn, Franz, wie einen riesigen Leuchtturm erscheinen, einer Fackel in der Dunkelheit, aufragend von der Erde bis ins All, hinauf zu den Sternen. So stieg Franz über die höchsten Gipfel hinüber auf eine andere Seite der Welt und Wirklichkeit vom Licht durchdrungen, gleichsam stoffliches und nichtstoffliches miteinander verbindend. So erfuhr er erstaunt, dass beides eines war und sich in einem immerwährenden Kreislauf durchdrang. Er sah in das innere Schöpfungsgleichgewicht, indem er, Franz, sowie alles andere ein Teil davon waren. Und dann stand er bei Menschen, die einen Kreis bildeten, Menschen, wie riesige Türme aufragend, leuchtend wie gewaltige Feuer. Als sie ihn sahen, öffneten sie ihren Kreis und nahmen ihn in ihrer Mitte auf. Nun hatte er endlich die Energie in unbeschreiblicher Freude die großen Werke gestalten zu können, die schon von Anbeginn, seit ewigen Zeiten in ihm verborgen waren. Jetzt wusste Franz, dass er daheim angekommen war. Jetzt war er endlich zu Hause.

Die Reise nach Dubai

Ich hatte eine verdammt volle Woche hinter mir, bevor dieser Anruf kam. Eine Einladung zu einer Ausstellung in die Lounge der Ersten und Zweiten Klasse der Lufthansa nach Dubai. Die erste Reaktion war natürlich Überraschung und Freudiges gestimmt sein, denn wer erhält schon so ein Angebot. Im übernächsten Moment jedoch kamen Bedenken: wie kann ich meine Bilder dorthin bekommen und wieviel würde das wohl kosten, dann das ganze Verpacken und würde es sich denn überhaupt lohnen. Mein Barometer ging also allzu gleich wieder gen Null. Die Freunde denen ich diesen Einsatz für mich zu verdanken hatte, munterten mich auf, redeten mir gut zu, eine solche Gelegenheit nicht ungetan verstreichen zu lassen, zumal es für mich ja sicherlich auch, wie sie meinten, eine immense Erfahrung für die weiteren Werke und natürlich für mein Leben haben könnte. Dies alles ließ ich mir dann doch nochmals durch den Kopf gehen und schließlich siegte die Freude und Neugierde, diese fremde Welt zu betreten und vielleicht auch in sie eintauchen zu können.

Das Abenteuer Dubai konnte also beginnen.

Im Flugzeug zusammen mit meiner Frau war ich sehr gespannt, was mich denn erwarten würde, dass ich kaum die Speisen anrühren konnte, die die nette Flugzeugbegleitung servierte. Der Flug war insgesamt recht lang ca. sechs bis acht Stunden und hatte bis auf den letzten Teil der Reise keine große Bedeutung. Dieser war dann aber auch der Big Point. Meine Frau machte mich auf etwas aufmerksam, das draußen vor sich ging. Ich schaute über ihre Schultern hinweg durch das kleine Flugzeugfenster und sah etwas unglaublich Schönes: unter unserem Flugzeug breiteten sich kleinere und größere Schäfchenwolken aus, die von dunkelgelb über orange und rot von einer leuchtend gelb orangen Sonne angestrahlt waren. Der hohe Himmel darüber war makellos orange und ging langsam in eine indigoblaue, fast violettgrüne Nacht über, in der die bleiche Sichel eines großen Mondes hing. Eine Kitschkarte kann nicht dicker auftragen, überlegte ich und sank auf meinen Sitzplatz zurück, überwältigt von dem Geschauten, und meine Augen schlossen sich von ganz allein, das Bild noch einmal nachzukosten und für Späteres aufzubewahren.

Gott sei dank, wurden wir, nachdem die Landung gut verlaufen war abgeholt, denn mit einem Mal war ich ja in einer völlig fremden Welt gelandet und fühlte mich dementsprechend unwohl in meiner Haut. Der Eindruck in der Flughafenhalle war dann auch überwältigend und überbordend zugleich. Das viele Glas, die hohe Halle mit ihren tausend mal tausend Verzierungen, die aus unterschiedlichem Material gestalteten künstlichen Palmen, die vielen Menschen unterschiedlicher Kulturen: Araber mit und ohne Schleier in langen Bekleidungen, ganz in schwarz verschleierte Frauen, helle und dunkelfarbige Gesichter, dazwischen Europäer, Amerikaner, Asiaten aus den verschiedensten Ländern, die zu ihren Flugzeugen oder anderswo hineilten. Für mich ein großes Durcheinander aber auch faszinierend zugleich – was wird mich wohl noch alles erwarten, dachte ich.

Die Bilder in der Lounge hingen sehr schön, ich war zufrieden. Das „Zuhause" in das wir dann kamen war ein großes einzeln stehendes Haus in einem weiten mit Bäumen bestandenen Garten, Weiteres konnte ich nicht erkennen, da wir ja nachts angekommen waren. Sich waschen und ins Bett fallen war Eins, die Bilder und Gedanken kamen nicht so schnell zu Ruhe, wie ich erhofft hatte, aber schließlich siegte doch die Erschöpfung des Reisetages, die mich unabdingbar in die Kissen drückte.

Am nächsten Morgen ein herzlicher, liebevoller Willkommensgruß der gesamten Familie der Freunde. Gemeinsames Frühstück, Hausbesichtigung und natürlich die Besichtigung des Gartens, eines wie ich jetzt erst sehen konnte herrlich eingewachsenen Gartens mit wunderschönen Blumen, die in den verschiedensten Farben blühten. Farblich unterschiedlich blühende Bäume gab es ebenso zu bestaunen, deren Äste mal tiefhängend, dann wieder hoch hinaus in einen tiefblauen Himmel ragten. Versonnen und beglückt ging ich durch diesen „Garten der Lüste" umgeben und behütet von lieben Freunden. Später werde ich in mein Skizzenbuch schreiben: ein blühender Garten ist wie eine lebendige Freundschaft, denn so wie durch Sonne die Blumen gedeihen, blüht durch die Liebe eine innige Freundschaft.

Ich hatte keine Vorstellung, wie es nun weitergehen könnte, aber wie sich herausstellte, hatten die Freunde schon alles geplant und arrangiert.
Zuerst ging es nach Dubai hinein, in die Innenstadt, wenn davon überhaupt eine Rede sein konnte, denn einen eigentlichen Kern, wie sich herausstellte, hatte sie nicht, nimmt man das ganz alte kleine Dorf mal aus, welches schon vor dem „Petrodollar" bestand. In einem Hotel machten wir Rast um etwas zu trinken, denn durstig waren wir allesamt sehr schnell in dieser alles verbrennenden Sonne. Nicht weit saß ein vielleicht nicht all zu armer Araber in einem blütenweißen Gewand, die Arme weit ausgebreitet, auf einem mit gelb-blauen Kissen bezogenen Sofa, als ob er fragen wolle, was denn die Welt kostet. Welch ein Bild, etwa ein Synonym für dieses Dubai? Zum ersten Mal nahm ich mein mitgebrachtes Malbüchlein zur Hand und hielt dieses Bild fest. Ab diesem Zeitpunkt war das Buch mein ständiger Begleiter, mein Chronist sozusagen, dem ich fast alles anvertraute. Das Hotel, in dem wir saßen, hatte als Besonderheit, dass es dem alten Venedig nachempfunden war. Anstelle von Wegen existierten Wasserstraßen, die man mit entsprechenden Booten befahren konnte. Aber natürlich gab es da auch noch Brücken zu den einzelnen Häusern, eben wie in Venedig auch. Überhaupt die Hotels: in glitzernden Hochhausfassaden himmelwärts strebend, wie Wellen geformt einem imaginären Strand entgegenrollend oder wie ein weißes Segelboot auf dem blauen Wasser schwimmend, am Abend dann in vielen Farben leuchtend. Hotels in allen Formen manchmal nachempfunden den Kulturen anderer Völker und Länder. In diesen ersten Tagen des Aufenthaltes durchwanderten wir einen unbeschreiblichen Architekturgarten, einen „Steingarten" der schönsten und sonderbarsten Formen. An diesen Gärten entlang zogen schnurgerade Straßen ihre Bahnen, die sich schachbrettartig immer wieder kreuzten, auf denen Autos gleich geisterhaften Robottern in rasendem Tempo dahinfuhren ohne ein menschliches Antlitz, eingehülltes Blech auf schnellen Rädern. Vielleicht haben die Beduinen ja früher schon rasende Kamele gehabt, dass die neuen Bewohner nahtlos auf die neuen Gefährten umsteigen konnten, überlegte ich. Aber dann wieder ernster: bei all der Schönheit war es doch kalt und leer ohne menschliche Gesichter. Es kam mir zu Bewusstsein, dass Schönheit nur durch Menschlichkeit, durch Lebendigkeit auch Schönheit ist und bleibt, Erkenntnisse die abends in meinem Skizzenbuch sich wieder fanden.
Dann die andere Stadt. Mit einem alten Boot ging es hinüber in den Suk dem „Handelszentrum", in dem alles feilgeboten wurde, was der Mensch sich denken kann: da waren ganze Straßen mit Gold- und Silbergeschäften, Läden mit den verschiedensten Kleidungsstücken in allen Farben und Formen, Gewürzstände wechselten sich ab mit Fleisch-, Obst- und Gemüseläden, alles war zu haben. Und in all dem geschäftigen Treiben sah ich plötzlich eine Mann, nicht weit von einer alten Moschee sitzen, tief versunken in sich selbst. Er strahlte eine Ruhe aus, die in all dem Trubel unwirklich und doch ungemein beeindruckend war, mir schien es, als ob der ganze Markt in diese seltsame Ruhe hineingenommen sei. Hier war irgendwie Leben, waren die Menschen mit sich in Berührung. Dies sollte ich an einem anderen Abend ebenfalls erfahren in einem wieder anderen Stadtteil: die Straßen waren voll von Menschen, weniger Araber hauptsächlich Inder und

Pakistani. Pakistani und Inder leben in Dubai um die alltäglichen Arbeiten zu verrichten. Sie betreiben vor allem eben die Geschäfte und Dienstleistungen. Ich schlenderte langsam durch die Straßen, um mir das geschäftliche Tun und Lassen anzuschauen und blieb an einer Bäckerei stehen, in der gerade Fladenbrote gebacken wurden. Es war faszinierend, wie die Fladen an die Innenseite des halb offenen Ofens geworfen und dabei nicht in das inmitten stehende Feuer fielen. Da wurde ich von den beiden Bäckern angesprochen, natürlich mit entsprechenden Handzeichen und mir bedeutet als Geschenk ein Fladenbrot mitzunehmen. Ich war überrascht und bedankte mich selbstverständlich sehr herzlich gerührt über eine so sinnfällige, zutiefst menschliche Geste.

Es war auch an einem Abend als wir das ehemalige alte Dorf Dubai (oder hatte es früher eventuell einen anderen Namen) aufsuchten. Alte Häuser und Türme, in einfacher Architektur mit Lehm verputzt, begrüßten uns. Sie waren alle beleuchtet, aber zu meinem Bedauern manchmal leider etwas zu sehr auf touristisch gemacht. Alte Araber saßen friedlich in ihren alten Gewändern um ein Feuer. Ich dachte, wie sehr doch Feuer beides hat, verbrennen und wärmen. Dann kamen wir an einem alten Stand vorbei, ohne Tisch nur mit einer Zeltplane bedeckt. Darin saß auf dem Boden eine alte Frau völlig in schwarz gehüllt. Ihr Gesicht war, bis auf eine seltsame Metallmaske, offen. Was für eine eigenartige Maske dies wohl war, die fast Dreiviertel ihres Gesichtes bedeckt hielt. Sie buk hauchdünne Fladen in einer großen eisernen Pfanne. Die Fladen schmeckten köstlich, denn sie hatten eine wundersame sehr geschmackvolle Süßigkeit obendrauf. An diesem Abend kamen mir Bilder, wie alles vielleicht vor dem „Petrozeitalter" gewesen sein könnte.

Nun aber rief mich unwiderstehlich die Wüste, mich drängte es in diese Außergewöhnlichkeit, denn ich hatte mich ja insbesondere auf diesen Teil der Reise gefreut, mit dem, wie ich immer wieder gehört hatte, roten Wüstensand und den bizarren Bergformationen. Vorweg: es wurde ein besonderes Erlebnis. Mit dem Jeep ging es eines Morgens los. Wir hatten Proviant und vor allem Wasser dabei, denn man musste viel trinken, damit man nicht austrocknete. Wir fuhren also endlich hinaus und verließen die Stadt. Anfänglich war der Sand der links und rechts der Straße sich aufhäufte noch gelblich. Als wir dann aber die Straße verließen und langsam in die Wüste eintauchten, wurde der Sand immer röter. Ich hielt den Atem an: riesige rote Sandberge breiteten sich unendlich weit aus, eine Meereswüste aus Sand. Dieser Sand war so feinkörnig, wie ich es nie vermutet hatte. Dazu kam, dass die Körner eine nahezu unglaubliche Gleichmäßigkeit besaßen, wie ich bei einer kurzen Rast, die wir machten feststellen konnte. Davon würde ich all zu gern ein paar Säcke voll für meine künstlerischen Arbeiten mit nach Hause nehmen, dachte ich. Der Wunsch wurde mir tatsächlich auch später dankenswerter Weise erfüllt, ich bekam zwei größere Säcke davon nach Hause.

Eine Herde Kamele kreuzte unseren Weg, die beiden Vorderbeine waren miteinander eng zusammengebunden, so dass sie zwar die freie Natur hatten, jedoch nicht all zu weit weglaufen konnten. Ich fragte mich, wo sie denn ihre Nahrung und Wasser her bekämen, in der Nähe gab es allerdings auch eine Art Stall, was jedoch mehr einer nicht benutzten Bretterbude gleich kam. Kamele sind Wüstentiere und brauchen daher sehr wenig, einmal satt gegessen und getrunken, konnten sie lange Zeit durchhalten. Der Jeep schob sich nun immer tiefer in eine mit Sand und Steine übersäte Landschaft. Je mehr wir in diese ungeschlachtete Natur hineinfuhren, desto gewaltiger, der Urschöpfung ähnlicher wurde alles. Das Zeitgefühl ging mir verloren, ich schwamm gleichsam jenseits von Zeit, und wenn der Motor mit seinem monotonen Geräusch nicht gewesen wäre, der mich an das Hier und Jetzt erinnerte, wäre d i e s e Wirklichkeit mit den vielen a n d e r e n wie in einem einzigen riesigen, stillen Mahlstrom aufgegangen. Ich ließ mich gänzlich dahintreiben, einverstanden mit allem, was mir begegnen würde. Riesige Berge und Felsen bestimmten nun immer mehr das Terrain und der Sand, der vormals dominant war, trat zurück. Über felsigen Urgrund, der keinen Weg mehr kannte, wurde das Auto gelenkt, immer weiter und weiter durch rote Gebirge, die zerrissen und zerklüftet da standen wie Wächter am Eingang des Hades. Die Sonne brannte von einem azurblauen Himmel und schien alles Lebendige ausdorren zu wollen, als ob sie es nicht zulassen könne, uns Einlass zu gewähren in jenes unberührte Reich. Dann vollzog die Natur einen blitzschnellen Wechsel zu etwas völlig Unerwartetem: inmitten dieser Wüstenei, dieses Schmelztiegels aus Steinen und Sand, wuchs wie von Geisterhand plötzlich ein wunderbares Grün. Kleinere und größere Sträucher blühten und grünten inmitten der Wüste. Es war eine Oase, wenn auch eine sehr kleine, auf die wir trafen. Aus den rötlich schwarzen Felsen sprudelte ein helles, klares, kaltes Wasser. Unsere kleine Gruppe ließ sich nieder und in wenigen Augenblicken waren Proviant und Wasser verteilt, so dass ein jeder sich seinen eigenen Platz zum Genießen suchen konnte. Ich selbst ließ mich ein wenig abseits auf einem erhöhten größeren Felsen nieder. So hatte ich einen wundersamen Ausblick auf dieses eigentümliche Paradies. Denn, dass es dies war, fühlte ich im gleichen Augenblick, und was die Beduinen behaupten, war plötzlich sinnfällig, wahr und deutlich: die Wüste, sagen sie, ist der Garten Allahs, der Garten Gottes. In der flirrenden Hitze verschwammen alle Farben und bewegten sich über- und ineinander. Das Azurblau verschwamm in Orange, Rot, Braun, Ocker und Gelb bis hin zu fast klarem Weiß. Die Felsen waren mit einem Mal wie Regenbögen, in den kaskadengleich die Farben hinunterstürzten, ihr Ureigenes behielten, sich nicht auflösten, nicht vermischten. Die verschwimmenden, pastellenen Farben des Horizonts standen in krassem Gegensatz zu diesen felsigen Regenbögen, die trotzig auf ihren farbigen Abgrenzungen bestanden. Über allem lag eine unbeschreibliche Stille, eine Ruhe, die gleichsam das lebendige Farbenspiel zusammenhielt, ihr Ausdruck und Sprache verlieh. Ich lehnte mich zurück, schaute und lauschte, die Sinne weit geöffnet, während meine Hand wie von selbst die Stifte und Pinsel über das Papier führte. Und während ich so saß, da war es mir plötzlich, als ob die Welt im Papier mit jener in der ich mich befand, ineinander verschmolzen. Es gab keine Grenzen, keine Anhaltspunkte mehr die Unterschiede festzumachen. Die Augen geschlossen, brach sich in mir eine unbekannte Welt, eine andere Wirklichkeit bahn und nahm Gestalt an: ich sah den nachtblauen, schwarz-violetten-grünen Himmel voller leuchtender Punkte, Sternenpunkte, so nah, als ob sie mich mit aller Macht hinaufziehen wollten. Rings um mich waren aufgehäuft die purpur rotschwarzen Dünen, gleichsam geheimnisvoll und erschreckend – mich behütend. Die mächtigen Felsen und Berge in ihren schwarzroten Farben und ihren blau-violetten Schatten standen in ihrer Unnahbarkeit der Stärke, wie Dämonen der Urzeit. Und ich lag als Wurm, als kleiner Mensch zwischen ihnen, wehrlos, machtlos auf Zuwendung heischend. In diesem hilflosen, dahin gesunken sein, wurde ich das Wasser der Quelle, umfasste das All, und die Sterne leuchteten durch meine Haut, die Felsendämonen durchdrangen mich und ich verschmolz mit den Wellen des purpurnen Sandes. Ich wurde eingepresst, hinaufgezogen, ausgespien und wieder zusammengesetzt, Spielball und Beherrscher der Gewalten zugleich. Jetzt war ich da, wo ich schon immer sein sollte, immer war, bin und sein werde. Eine unbekannte, heiße Flut nahm von mir besitz, gestaltlos, eigenwillig, und berührte jeden Winkel meines Seins. Ich verspürte eine beängstigende jedoch nichtsdestotrotz unbeschreibliche Glücksseligkeit, die durch nichts und niemanden zu erschüttern war, gleichsam einer unsichtbaren Hand, die mich hielt, ja seit ewigen Zeiten gehalten hatte. Langsam öffnete ich meine Augen, noch überwältigt vom Nachhall des Geschauten und Erlebten und suchte wieder Wohnung zu nehmen in meinem Herzen. Erst jetzt vernahm ich wie von ferne die Stimmen der Anderen, die nicht weit von mir waren. Ich hörte ihr kindliches, fröhliches Spiel im Wasser, ihre Unterhaltungen, ihr Lachen und Necken. Die Sonne

neigte sich langsam dem Horizont zu und bläuliche Schatten schoben sich, wie länger werdende Finger einer riesigen Hand die Welt zu erobern. Im Auto konnte ich nicht reden, mich nicht an den Gesprächen beteiligen. Ich hörte zwar ihrer aller Stimmen, der Sinn jedoch ging mir verloren, erreichte mich nicht. Stattdessen schaute ich aus dem Fenster des Jeeps und verabschiedete mich von den tiefblauen Schatten der Berge und den darüber liegenden orange-gelben Farben des Himmels. Meine Gedanken wanderten zu all den Gegensätzlichkeiten dieser Welt und unseres Lebens, die jedoch auf das Engste und Geheimnisvollste miteinander verbunden sind, sowie Tag und Nacht oder gelb und blau zu einander stehen, ohne die es keine Entwicklung gibt und geben kann. – Was hatte ich nun wesentliches erfahren in der Begegnung mit diesem Wüstengott?
Ich ahnte was Ewigkeit bedeutet!

Es war wieder ein Nachtflug, der uns nach Hause zurückbringen sollte. Unsere Freunde hatten zwei Sitzplätze in der ersten Klasse organisiert, die gleichzeitig recht gut zum Liegen und Schauen waren. Ich sah durch das kleine Flugzeugfenster und sah wieder diesen unglaublich schönen Sonnenuntergang:
Unter unserem Flugzeug breiteten sich kleine Wolken aus, die von dunkelgelb über orange und rot von der untergehenden Sonne angestrahlt waren. Der hohe Himmel darüber war wieder makellos orange und ging langsam in eine indigoblaue, fast violettgrüne Nacht über. Nur der Mond war – gerundet von einer bleichen Sichel – zu einem großen, gelben Körper gewachsen, dessen scheinbare Nähe den Atem rauben wollte.
Die Stewardess reichte noch ein kleines Nachtmahl, bevor sie uns dünne Wolldecken zum Schlafen gab. Dann wurde das große Deckenlicht gelöscht. Bis auf ein paar Notleuchten, die flüsternd und vorsichtig glimmten, war nun alles dunkel. Rings um mich schliefen nach und nach die Menschen ein, denn ich hörte die bekannten Geräusche des Schlafes. Ich selbst konnte jedoch nicht einschlafen, denn allzu viele Gedanken und Bilder kreuzten und purzelten noch in mir durcheinander. So erhob ich mich vorsichtig und leise, knipste die kleine Deckenleuchte über mir an und holte aus meiner Tasche das prall gefüllte, bemalte Buch mit den kleinen stillen Texten hervor. Beim langsamen Blättern ordnete sich dann alles wieder ein wenig und von neuem begann die Reise, jedoch anders als vordem. Sie rollte sich gleichsam nochmals von rückwärts auf, vor- und zurückschauend, den Abschied im Blick, ein Abschied der gleichzeitig das Neue und Unbekannte in sich trug. Ein leises Lächeln huschte wie ein leichter Flügelschlag über mein Gesicht. Mit einem Mal war ich zufrieden und meine Augen wurden schwer. Das Buch sank langsam auf meinen Schoß herab und ich glitt in einen traumlosen Schlaf dem zu Hause entgegen.

Gottfried Kaẑda

1941 in Tetschen (heute CR) geboren.
Nach der Vertreibung 1947 Vorschule Weilburg/L.
Von 1957 bis 1967 Zugehörigkeit zu einem katholischen Orden.
Während dieser Zeit Ausbildungen als Tiefdruckretuscheur und Farbenlithograf, gleichzeitig Beschäftigung mit Malerei.
Anschließend Studium der Sozialarbeit und Weiterbildung in Systemischer Familien- und Organisationsberatung.
Heirat und Geburt zweier Söhne.
Nach der Familienphase ausschließlich als freischaffender experimenteller Künstler und Maler tätig.
Ausstellungen im In- und Ausland.

Publikationen:
- Genesis II – Mappe zum Thema Schöpfung
- Artikel „Starke Farben und Spiegelglas“; WHO'S WHO; Europamagazin, 2. Ausgabe 2004
- CDs von Ausstellungen
- „Dubai-Skizzen“, Projekte-Verlag 2006
- Laacher-Skizzen, Projekte-Verlag Cornelius GmbH Halle, 2008

Gottfried Každа

Laacher-Skizzen

Dies ist ein Buch, das über die Bildbetrachtung zur Meditation, zur Stille und Einkehr einladen möchte. In dieser Nachhaltigkeit ist es möglich an- und einzuhalten, um im überfüllten Alltag wieder zur Besinnung zu finden.

ISBN 978-3-86634-624-6
Hardcover

Preis: 14,80 Euro
31 S., 25,0 x 20,5 cm

Gottfried Každa

Dubai-Skizzen
eine andere Reisebeschreibung

Dieses Buch ist eine Reisebetrachtung verschiedener Möglichkeiten des Lebens.
Hier Fülle und Reichtum, dort Kargheit, Wüste und Armut, letztlich aber auch Bindung und Freiheit. Es ist eine hintergründige Reise, die uns aus der Spaltung von Besser und Schlechter wieder zu anderen, wesenhafteren Gedanken verhelfen soll. Menschen bleiben Menschen, was auch immer deren Kultur und Lebensart ist, so das Motto. Hierbei sind die verschiedenen Bilder des Landes der Leitfaden des Buches.

ISBN 978-3-86634-217-0
Hardcover

Preis: 19,80 Euro
51 S., 25,0 x 20,5 cm